중국의 대외 전략과 한반도

동아시아시민사회포럼총서 04

중국의 대외 전략과 한반도

문흥호 지음

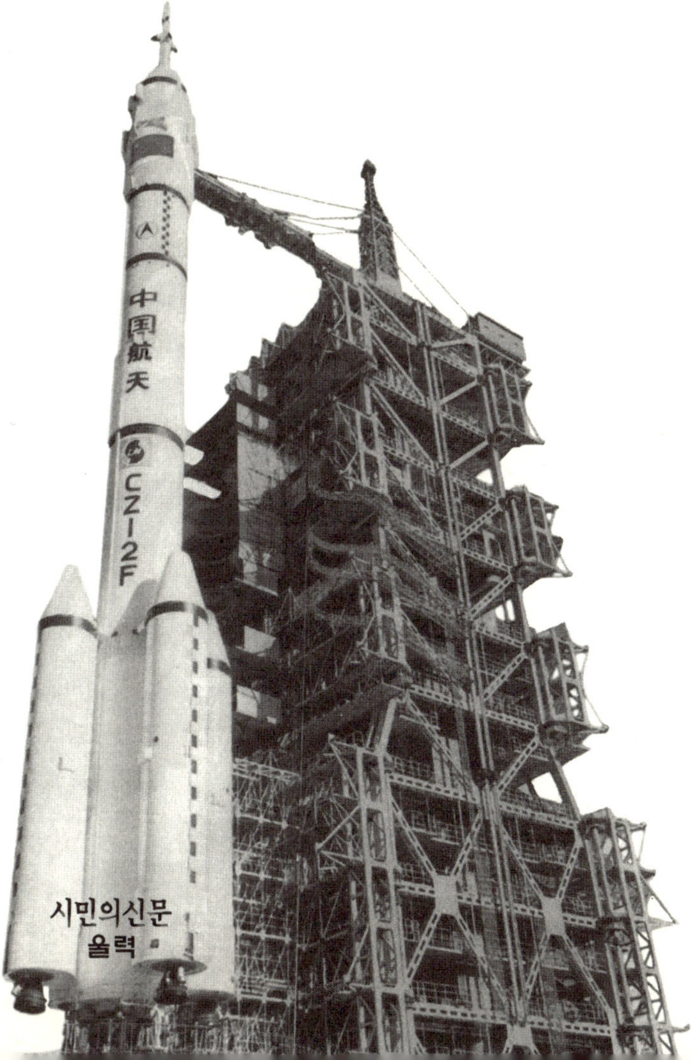

시민의신문
울력

동아시아시민사회포럼총서 04

중국의 대외 전략과 한반도

지은이 | 문홍호

엮은이 | 이형모

엮은곳 | 동아시아시민사회포럼, 시민의 신문, 시민운동정보센터

펴낸이 | 강동호

펴낸곳 | 도서출판 울력

1판 1쇄 | 2006년 1월 5일

등록번호 | 제10-1949호(2000. 4. 10)

주소 | 152-889 서울시 구로구 오류1동 11-30

전화 | (02) 2614-4054

FAX | (02) 2614-4055

E-mail | ulyuck@hanafos.com

값 | 8,500원

ISBN | 89-89485-41-X 03340

한반도의 진정한 평화와 번영을 염원하는 모든 분들께

이 책을 바칩니다.

서문

21세기에 들어오면서 중국은 우리의 삶에 점점 더 중요한 존재로 다가오고 있다. 이러한 중국은 과연 우리에게 무엇인가? 중국은 우리의 희망일 수 있는가? 중국과의 관계에서 무엇을 추구할 것이며, 이를 위해 우리는 무엇을 어떻게 준비해야 하나?

　이러한 고민을 가슴 깊이 품고 중국을 공부해 온 지 벌써 이십여 년이 흘렀다. 갈 수 없었던 곳 '중공 대륙'을 대신하여 1983년 장제스蔣介石의 아들 장징궈蔣經國 치하의 중화민국 대만에서 중국 공부를 시작한 이후, 결코 짧지 않은 기간에 비해 학문적 성과는 미미하지만, 마음 한구석에는 늘 중국과 관련된 뭔가를 열심히 해야 한다는 뜨거움이 남아 있다. 이러한 가슴속의 불꽃 덕분에 그동안 열심히 중국과 대만을 오갔다. 특히 지난겨울과 여름 방학

중에는 대부분의 시간을 중국에서 보냈다. 여러 곳을 다니면서 많은 사람들을 만났고, 몇 날 며칠을 아침부터 저녁 늦은 시간까지 열띤 토론과 논쟁을 벌이기도 했다. 때로는 얼굴을 붉히기도 했고 때로는 속이 상하고 우리의 처지가 걱정스러워 잠을 설치기도 했다. 이러한 과정에서 내가 얻은 결론은 그야말로 중국의 모든 것이 변화하고 있으며, 만약 이러한 변화에 현명하게 대처하지 못한다면 향후 우리나라와 민족의 장래에 중국이라는 존재가 아주 무거운 짐으로 다가올 것이라는 점이다. 우리의 노력 여하에 따라 중국이 우리의 희망일 수도 있고 절망일 수도 있다는 것은 단순한 염려나 두려움이 아니라 한반도의 평화, 우리 삶의 행복과 직결된 일종의 절박감이다.

1978년 이후 중국의 무엇이 얼마나 변하고 있나? 우선 대내적으로 덩샤오핑鄧小平, 장쩌민江澤民, 후진타오胡錦濤로 이어져 온 중국의 최고 지도부는 세계 역사상 전례 없는 그들만의 정치·경제·사회적 변혁을 추진하고 있으며, 그에 따른 혁명적 변화는 중국의 거의 모든 것을 바꾸어 놓았다. 가장 변하지 않았다는 중국 공산당의 지배적 권위와 그에 의존하는 '당 국가party state' 체제마저도 그 내면을 들여다보면 예전의 모습이 아니다. 공산당이 선진 생산력, 선진 문화, 인민의 이익을 대표해야 한다는 '삼개 대표론三個代表論'도 공산당이 변하지 않으면 소위 '영도적 지위'를 잃을 수도 있다는 최고 지도부의 절박한 메시지를 담고 있다. 또한 누가 훌륭한 공산당원인가의 기준은 이미 이념적, 혁명적인 것으로부터 전문적, 실용적인 것으로 변화했다. 즉, 공산주의 이념에 충실한 노동자, 농민 출신의 성분 좋은 젊은이보다는 개혁 개방의 첨병이자 사회주의 시장 경제의 주역을 담당하고 있는 다양한 인재들이 새로운 시대의 모범적인 공산당원으로 환영받고 있다.

　이러한 변화는 중국이 그동안 그들만의 독특한 논리와 최고 지도자의 정치적 권위를 통해 '정치적 좌경'과 '경제적 우경'의 병행에 따른 불협화음을 억제해 왔으나 사회주의와 자본주의의 기묘한 동거가 점차 어려워지고 있음을 보여 주는 것이기도 하다. 따라서 장쩌민으로부터 당 · 정 · 군의 최고 권력을 승계한 후진타오의 최대 고민이자 궁극적 목표는 사회주의 이념 · 제도와 시장 경제의 중국적 적용을 한 차원 더 발전시킴으로써 정치적 안정, 경제적 발전, 사회적 균형을 동시에 실현하고, 이를 통해 21세기의 부강한 사회주의 중국을 건설하는 것이다. 물론 후진타오의 이러한 야심찬 목표는 개혁 개방의 눈부신 성과의 그늘에 가려진 계층 · 지역 · 도농 간 빈부 격차, 시장 경제 체제에서 낙오된 수많은 노동자와 농민의 좌절과 저항, 그리고 점차 확산되고 있는 종교의 자유, 인권 신장, 민주화 요구에 어떻게 대처해 가느냐에 따라 그 성패가 달라질 것이다. 다만 분명한 것은 성장 지상주의 정책을 지양하고 인간과 인간, 인간과 사회, 인간과 자연의 조화와 균형을 통해 '지속 가능한 발전'을 추구한다는 후진타오식의 새로운 국가 경영 전략이 현 단계 중국의 정치·경제·사회 현실상 결코 용이한 일은 아니라는 점이다.

한편 대외적으로 중국은 국가의 총체적인 역량을 의미하는 소위 '종합 국력綜合國力'의 증강을 통한 국가의 부강, 민족의 번영과 이를 위한 경제력, 국방력, 민족적 응집력 강화의 필요성을 강조하여 왔다. 또한 그러한 전략적 목표 실현을 위한 하나의 방편으로 대외 정책 방향을 기존의 피동적, 수세적 입장에서 보다 적극적, 공세적 입장으로 전환하고 있다. 이는 20여 년의 개혁 개방 성과에 따른 국력의 증강을 대내적인 차원에 국한시키지 않고 대외적인 차원의 영향력 확대로 연계시킴으로써 21세기 국제 사회에서 주도적 지위를 확보하고자 하는 것이다. 사실 중국은 새로운 세기를 자신들의 시대로 이끌려는 야심찬 계획을 갖고 있으며, 지난 세기와는 달리 자신들에게 이를 실현할 수 있는 능력과 기회가 주어지고 있음을 조심스럽게 낙관하는 것으로 보인다.

이와 함께 중국은 중화 민족의 부흥과 민족정신의 배양을 도모하고, 이를 바탕으로 공정하고 합리적인 21세기의 새로운 국제 정치·경제 질서 형성의 주역이 되어야 한다는 점을 강조하고 있다. 실제로 이러한 분위기는 정치적 의도를 담고 있는 최고 지도부의 의례적 연설에서만 나타나는 것이 아니며, 대다수 중국인들의 보편적인 정서

속에도 일정하게 내재되어 있는 것으로 보인다. 즉, 중국은 최고 지도자에서 인민에 이르기까지 고난의 혁명 투쟁을 통해 신 중국을 수립한 마오쩌둥毛澤東과 그를 이어 결코 쉽지 않은 또 다른 차원의 경제 혁명을 성공적으로 이끈 덩샤오핑의 불후의 공적을 각각 정신적, 물질적 기반으로 삼아 미국에 버금가는 강국 건설을 향한 새로운 도약을 준비하고 있는 것이다. 또한 중국은 탈냉전 이후 국제 질서의 문제점과 한계를 진단하고 이를 해결하기 위한 처방을 다음과 같이 제시하고 있다. 첫째, 세계 절대 다수의 국가들이 '평화'와 '번영'의 필요성을 그토록 외치면서도 이를 실현하지 못하는 근본 이유는 과도기적 국제 질서 하에서 냉전적 사고의 잔재를 벗어나지 못한 특정 국가의 패권주의, 강권 정치 성향 때문이다. 둘째, 이를 극복하기 위한 유일한 방안은 국제 질서의 다극화와 국제 관계의 민주화, 국가의 대소 강약, 이념·체제의 차이를 불문하고 평화 공존하는 소위 '구동존이求同存異'이며, 그렇지 못할 경우 중동, 동유럽, 중앙아시아, 동북아의 고질적인 민족·종교·영토·주권과 관련된 크고 작은 분쟁을 평화적으로 해결할 수 없다는 점을 역설한다.

이러한 주장의 연장선에서 최근 중국은 세계 각국이 "자신이 원치 않는 일은 남에게도 하지 말라"는 공자의 "己所不欲, 勿施于人" 정신을 21세기 국제 관계의 철칙으로 삼는 동시에, 이 말을 뉴욕의 유엔 본부 현관에 새겨 넣을 것을 주장하고 있다. 물론 현 단계 국제 질서에 대한 중국의 인식과 그들이 제기하는 각종 주장은 그들의 표현대로 '중화 민족의 위대한 부흥'을 실현하기 위한 전략적 의도를 담고 있으며, 그 자체가 반드시 객관성을 보장하는 것은 아니다. 그럼에도 불구하고 중국의 새로운 대외 인식과 세계관, 그리고 그에 기반하고 있는 대외 전략과 정책 기조는 객관성 여부를 떠나 우리에게는 그 자체가 중요한 의미를 갖는다. 왜냐하면 우선 중국이 미국과 함께 21세기 국제 질서를 주도할 양대 축으로 자리를 잡아가고 있는 현실을 부정하기 어렵고, 더욱이 한반도를 포함한 동아시아 지역에 대한 중국의 영향력은 확대일로에 있으며, 그러한 변화 구도 속에서 우리는 중국의 대외 전략과 정책 방향에 직간접으로 영향 받을 수밖에 없기 때문이다. 특히 남북한 관계와 한반도 주변 정세 변화의 분석에 있어서 중국 요인의 중요성은 아무리 강조해도 지나치지 않다. 이처럼 21세기 우리의 대외 전략에 있어서 중국 요인은 미국 요인과 함께 이미 최대 변수로 자리 잡았으며, 따라서 대 중국 외교 정책의 성패 여하에 따라 국익의 득실과 민족의 운명이 크게 달라질 수 있다.

이번에 출판하게 된 『중국의 대외 전략과 한반도』는 바로 이러한 문제의식으로부터 출발했다. 특히 후진타오를 핵심으로 한 중국의 제4세대 지도부의 출범을 계기로 중국이 추구하는 전방위적 대외 전략과 정책 기조를 국가,

지역, 사안별로 구분하여 분석하고 그 연장선에서 이들의 한반도 정책을 검토하고자 했다. 이를 위해 우선 제1장에서는 신생 후진타오 체제가 직면하고 있는 대내적 과제인 지도부의 재편과 정치적 안정, 경제·사회적 측면의 성장과 균형의 문제를 분석했다. 중국이 직면한 대내적 과제에 대한 분석은 그들의 대외 정책을 심도 있게 논의하기 위한 필수적 부분이다. 어느 국가를 불문하고 대외 정책은 대내 정책과 불가분의 관계를 갖기 때문이다. 제2장은 중국 대외 정책의 절대적인 부분을 점하고 있는 강대국 외교를 대미 정책과 중·미 관계, 대일 정책과 중·일 관계, 대러 정책과 중·러 관계로 구분하여 분석하였다. 현실적으로 21세기 중국의 흥망성쇠는 이들 국가와의 관계에서 좌우될 가능성이 매우 높다.

한편 제3장에서는 중국이 민족적 과제로 인식하고 있는 대만 문제와 양안 관계를 대만의 정치 상황과 결부시켜 집중적으로 분석하였다. 물론 이 문제는 "지구상에 중국은 오직 하나이고 대만은 중국의 불가분의 일부분"이라는 '하나의 중국' 원칙에서 보면 엄연히 중국의 내정이지만, 현실적으로 그렇지 못하다. 오히려 대만 문제는 미국, 일본, 유럽연합 등 대외적 요인과 결부되어 중국 대외 정책의 최대 변수로 작용하고 있다. 오죽하면 중국 지도부가 대만 문제를 중·미 관계의 최대 현안으로 인식하겠는가. 마지막으로 제4장과 5장에서는 중국의 한반도 정책과 바람직한 한·중 관계를 꾸려가기 위한 과제를 분석, 제시하였다. 한·중 관계, 북·중 관계에 대해서는 그동안 여러 지면을 통해 내 나름대로 논지를 피력한 바 있지만, 언제나 나 자신의 부족함과 많은 문제에 있어서 산뜻한 방안이 없다는 한계를 절감한다. 이번에도 후진타오 집권기의 중국이 추구하는 한반도 정책의 요체와 그들이 구상하는 북·중 관계, 한·중 관계의 미래상, 그리고 이에 대한 우리의 대응책을 분석하는 데 나름대로의 공을 들였지만 역시 나의 한계를 넘지 못했다. 늘 그랬던 것처럼 보다 큰 작업을 위한 조그만 계단을 쌓았다는 자기 위안을 얻었을 뿐이다.

물론 변변치 못한 이번 저서의 준비 과정에서도 많은 분들의 도움이 필요했으며, 이 작은 결과마저도 사실은 그 분들의 몫이다. 특히 일본 전문가이면서도 중국에 각별한 관심을 보이는 동료 김종걸 교수, 시민의 신문 관계자 여러분께 감사를 드린다. 그리고 나와 같이 중국을 공부하고 싶어 하는 아들 제영, 역시 아주 좋은 선생님이 꿈인 딸 유림, 사랑하는 나의 아내에게 한없는 고마움을 표한다.

2005년 11월 12일

문홍호

차례

1. 후진타오 체제의 대내적 과제

대내적 측면에서 후진타오 체제의 최대 과제는 명실 공히 당·정·군 최고 지도자로서의 권력 기반을 확립하고 정치 안정, 경제 성장, 사회 통합을 실현하는 것이다. 우선 후진타오의 정치적 입지와 정국 동향을 진단할 때 후계 과정의 과도기적 불안이 완전 해소된 것은 아니지만, 2004년 가을 중국 공산당 16기 4중전회中全會에서 장쩌민의 중앙군사위원회(이하 군사위로 약칭) 주석 직을 승계한 이후 당 중앙에서의 정치적 입지가 빠르게 강화되고 있다. 특히 후진타오는 "집정위민執政爲民," "이인위본以人爲本"의 친민 정책親民政策에 중점을 둔 국정 전반의 쇄신과 21세기형 지도자로서의 참신한 이미지 제고를 통해 실용적 리더십을 구축해 가고 있다.

한편 시장화 개혁 심화에 따른 정치·경제·사회적

마찰 해소를 위한 논리, 정책의 개발과 대 국민 설득은 후진타오 체제가 직면한 또 다른 대내적 과제이다. 이와 관련해 후진타오는 새로운 경제·사회적 환경에 부응하는 정치 부문의 변화, 특히 공산당의 역할과 지위에 대한 재해석 및 조직의 재편을 강조하는 '삼개 대표론'을 적극 활용하고자 한다. 물론 공산당이 선진 생산력, 선진 문화, 광범한 인민의 이익을 대표해야 한다는 자각과 반성이 얼마만큼의 신통력을 발휘할지 아직은 미지수이나, 그 결과가 후진타오 체제의 정치적 향배에 결정적 영향을 미칠 것만은 확실하다. 더 나아가 '과학적 발전관'과 '사회주의 화해론社會主義和諧論'을 중심으로 자신의 새로운 국가 경영관과 통치 철학을 확립하고자 노력하고 있으며, 이러한 정책기조는 2005년 10월 8일에 개최된 중국 공산당 16기 5중전회의 핵심 의제로 논의되었다. 이는 곧 사회주의와 시장경제, 성장과 분배, 통제와 자율 등에 대한 '균형과 조정'을 대내 정책 전반에 적용함으로써 기존의 성장 위주 정책의 부정적 결과를 최소화하고자 하는 것이다.[1]

1. 권력 구도의 개편과 정치적 안정

2002년 11월의 중국 공산당 16전대회全大會와 2003년 3월의 10기 전인대全人大를 통한 장쩌민의 퇴진과 후진타오의 등장은 기존 권력 승계 과정이 내부적 타협 혹은 힘겨루기로 이루어졌던 점에 비하면 매우 순탄했던 것으로 평가된다. 그러나 중국 정치 과정의 속성상 당 총서기, 국가 주석, 군사위 주석 등 당·정·군 3권을 모두 장악해 온 장쩌민과 그 측근의 영향력이 일시에 소멸된 것은 아니다. 특히 장쩌민은 당 총서기 퇴임 후에도 2년간 군사위 주석직을 유지했으며, 아직도 군부 내에 적지 않은 영향력을 갖고 있다.

이처럼 권력 승계의 불안정성이 잔존하고 있는 상황에서 후진타오 체제의 최우선 과제는 국가 전반의 영도 핵심으로서 당 중앙을 장악하고 정국 안정을 유지하는 것이다. 그리고 그 실현 여부는 후진타오 주석이 첫째, 장쩌민이 담당했던 직책을 승계하는 것은 물론 각 조직 내에서 최고 지도자로서의 권위와 영향력을 확립하고, 둘째, 권력 승계 과정의 후유증 해소, 과도기적 불안정 극복을 통해 정치적 안정을 지속적으로 유지할 수 있을 것인가에 크게 좌우될 것이다.

우선 승계 과정에서 장쩌민이 유독 군사위 주석 직 승계를 유보했던 점은 후진타오 권력 승계의 불완전성 및 지도 체제의 결함으로 지적되었던 문제이다. 실제로 1990년대 후반 이후 장쩌민의 퇴진 문제가 제기될 때, 그가 군권과 관련된 일부 권력은 계속 장악할 것이고, 따라서 장쩌민의 퇴진은 '전퇴'가 아닌 '반퇴'가 될 것이라는 전망이 우세했다. 결과적으로 장쩌민이 군사위 주석 직을 계속 유지함으로써 2년간 당 총서기인 후진타오가 군사위 부주석에 머무는 부자연스러운 권력 구도가 이루어졌다. 그러나 다른 한편으로 장쩌민의 군사위 주석 유임이 후진타오의 권력 기반 확립 과정에 반드시 불리한 것은 아니었다는 해석도 가능하다. 즉, 후진타오가 전례 없이 준비된 후계자였다 하더라도 당·정·군의 막강한 권력을 일시에 부여받는 것이 부담스러울 수 있고, 결과적으로 권력 기반 확립에 부정적으로 작용할 수 있다는 것이다. 따라서 장쩌민이 당분간 군권을 유지함으로써 권력 변동 과정에서 야기될 수 있는 정국 불안을 예방하고 잔여 권력을 점진적으로 이양한 것이 오히려 후진타오에게 유리하게 작용했을 수도 있다는 것이다.

한편 권력 승계 과정의 후유증 해소 및 과도기적 불안정 극복, 당 중앙 영도 핵심으로서의 리더십 확립 역시 향후 후진타오 체제의 중요한 과제이다. 전술한 바와 같이 후진타오가 후계자로서의 위치를 이미 오래전부터 선점하고 있었고, 당 중앙에서도 대체로 이를 수용하는 분위기가 형성되었다는 점에서 권력 승계 과정이 비교적 원만했던 것은 사실이나 앞으로 후진타오가 당·정·군의 권력 기반을 확립하기 위해 해결해야 할 과제들이 전혀 없는 것은 아니다. 우선 후진타오는 장쩌민의 측근을 지칭하는 소위 '친장親江' 세력들과의 대립·갈등보다는 생산적인 타협과 연대를 통해 자신의 리더십을 강화해야 한다. 물론 당 중앙의 권력 갈등이 과거의 제로섬 게임의 양상을 보이는 것은 아니지만 권력 부침 과정의 앙금이 불가피하게 존재하고, 이를 효과적으로 치유하지 못할 경우 리더십의 약화 요인으로 작용한다. 따라서 후진타오로서는 권력 승계의 초기 단계에서 자신을 거부했던 세력을 배제하기보다는 최고 지도부를 구성하는 일원으로 포용할 수밖에 없을 것이다. 실제로 후진타오는 공식 발언에서 당 중앙의 새로운 "영도집체領導集體"라는 표현을 많이 사용하고 있는데, 이는 권력의 정점으로서 자신을 내세우기보다 의도적으로 집단 지도 체제의 성격을 강조하려는 것이다.

당 중앙에서의 점진적 권력 기반 확충과 함께 후진타오는 국정 전반에 대한 개혁과 쇄신으로 체제의 효율성을 높이고 이를 통해 자신의 지지 기반을 넓혀가는 전략을 추진하고 있는 것으로 보인다. 예를 들어, 후진타오는 '무실務實,' '친민,' '개혁'과 함께 군림하기보다는 봉사하고, 교만하기보다는 겸손한 태도를 견지하는 간부상을 강조하고 있는데, 이는 당 중앙에서의 권력 기반 강화에 집착하지 않고 참신한 이미지와 실용적 리더십을 구축함으로써 궁극적으로 최고 지도자로서의 위치를 확립하기 위한 것이다.[2] 이와 함께 후진타오는 대외적 활동을 통해 자신의 국제적 위신과 이미지를 제고하고 이를 대내적인 지도 체제 확립에 활용하고자 하는 것으로 보인다. 예를 들어, 후진타오는 돌발적인 사스SARS 확산으로 중국 전역이 혼란을 겪는 상황에서도 2003년 5월 26일 러시아 방문을 시작으로 모스크바에서 개최된 상하이협력기구SCO 정상 회의, 프랑스에서 개최된 G8 정상 회담에 참석해 미국, 프랑스, 일본 등 주요국 정상들과 연쇄 회담을 가졌으며, 귀국길에 카자흐스탄 및 몽고를 방문하는 등 국가 주석 취임 이후 초유의 해외 순방 외교를 통해 최고 지도자로서의 면모를 유감없이 발휘했고, 국제 사회로부터도 긍정적 평가를 받았다.[3] 그 이후에도 후 주석은 활발한 해외 순방과 적극적인 정상 외교를 통해 이라크 전쟁 이후 미국 주도의 새로운 국제 질서 형성 과정에서의 입지 강화, 대만 문제 등 민감 사안에 대한 국제 사회의 지지 확보, 북한 핵 문제 등 국제적 안보 현안에 대한 영향력 확대 등에서 많은 성과를 얻었으며, 이는 결과적으로 후진타오의 리더십 강화에 매우 유리한 요인으로 작용하고 있다.

2. 경제 성장과 사회적 통합

그동안 중국은 시장이 사회주의와 자본주의를 구분하는 절대적인 기준이 아닐 뿐만 아니라 양자가 상호 모순 관계에 있지도 않으며, 따라서 사회주의 이념과 시장 경제가 양립할 수 있다는 점을 강조하여 왔다. 그러나 시장 경제의 범위가 확대되면서 기존의 논리만으로는 사회주의와 시장 경제의 병존을 설득력 있게 설명하기가 점차 어려워지고 있다. 특히 국유 기업 개혁의 본격 추진으로 사회주의를 고수하는 정치 체제와 시장을 지향하는 경제 체제 간의 근본적 불협화음이 증대되고 있는 상황에서 기존의 사회주의 이념·원칙에 대한 해석상의 유연함이나 지도자의 정치적 결단만으로는 양자의 모순 관계를 해결하기가 힘들다. 그리고 이를 제대로 해결하지 못할 경우 사회주의 시장 경제 체제 확립을 위한 노력이 한계에 직면하고, 결국 그 영향으로 정치적 안정 기조를 상실할 가능성마저 있다. 따라서 사회주의 체제하의 시장 경제 발전을 위한 논리·정책의 개발과 추진력 확보는 중국이 직면한 또 하나의 시대적 과제이자 후진타오 체제의 향배에 결정적 영향을 미칠 요인이다.

과거 중국이 따뜻하게 입고 배불리 먹는 소위 '온포 문제溫飽問題'의 해결이 급선무였던 단계에서는 지역, 도농, 계층 간의 격차가 엄연히 존재했음에도 불구하고 생활수준의 전반적인 향상 그 자체가 정치 체제 및 이를 주도하는 최고 지도부의 정통성을 확보해 주었다. 그러나 국유 기업 개혁 같은 경제 체제 개혁이 심화되고, 인민들의 욕구가 단순히 먹고 입는 문제 이상으로 증대된 경우에는 체제의 총체적인 효율성 증대가 반드시 정통성의 증대로 연결되는 것은 아니다. 더욱이 개혁의 혜택을 상대적으로 적게 받거나 소외된 지역, 계층이 확대되고, 이들이 본격적으로 상대적 박탈감을 느끼면 적어도 사회주의 이념에 입각한 체제의 정통성은 급격히 저하될 수밖에 없다. 실제로 중국이 사회주의 시장 경제 체제 확립의 관건으로 인식하는 국유 기업 개혁은 체제의 효율성을 높이기 위한 것임에도 불구하고 이미 거대한 규모의 실업자 양산 등 심각한 문제점들을 야기하고 있다. 따라서 시장 경제 체제의 도약을 위한 경제 전반의 구조조정 및 혁신 정책이 기존의 분배, 복지 체계와 적절히 결합되지 못할 경우 오히려 정치 안정과 경제 성장을 저해하는 복병으로 작용할 가능성을 배제할 수 없다.[4]

이처럼 정치적 사회주의와 경제적 시장주의 간의 불협화음과 그에 따른 후유증의 해소는 경제 성장과 사회 통합을 위한 불가결한 부분이며, 이는 결국 중국이 추구하는 '소강 사회' 실현의 전제 조건이기도 하다. 이러한 점은 이미 장쩌민 체제에서 국가적 과제로 인식되었고 나름대로 해결을 위한 대안을 모색해 왔다. 그러한 노력의 하나가 새로운 경제·사회적 환경에 부응하는 정치 부문의 변화, 특히 당의 역할과 지위에 대한 재해석 및 조직의 재건을 강조한 '삼개 대표론'이다. 이는 중국의 정치·경제·사회·문화 생활 전반의 심각한 변화에 따른 새로운 요구를 직시하고 그에 부응하는 정치 부문의 자각과 변화의 필요성을 강조하는 것이다.[5]

장쩌민이 역설해 온 삼개 대표론은 16전대회를 통해 당장黨章의 총강에 그 내용이 명시됨으로써 명실 공히 현 단계 중국 공산당의 핵심 지도 사상으로 확립되었다.[6] 이 와 함께 장쩌민은 16전대회 정치 보고에서 경제·사회적 변화에 따른 계층 분화와 이해관계의 첨예한 대립으로 인 한 갈등 해소를 위해 당이 '사상 해방思想解放,' '실사구시 實事求是,' '여시구진與時俱進'의 태도로 새로운 이론적 경계 를 개척하는 동시에 전 인민의 역량을 결집시켜야 한다는 점을 강조하였다. 그 내용을 보다 구체적으로 살펴보면 다 음과 같다.

첫째, 지식인을 포함한 노동 계급과 농민이 생산력 발 전과 사회 진보의 근본 역량이지만, 사회 변혁 과정에서 출현한 민영 과학 기술 기업의 창업자와 기술자, 외자 기 업의 관리자, 개체호個體戶, 사영 기업주, 중개 조직 종사자, 프리랜서 등의 사회 계층 역시 사회주의 사업의 공로자로 서 이들의 창업 정신을 장려하는 동시에 합법적인 권익을 보호해야 한다. 둘째, 인민과 사회에 유익한 일체의 노동, 즉 육체노동과 정신노동, 단순한 노동과 복잡한 노동을 불 문하고 사회주의 현대화 건설에 공헌한 일체의 노동은 존 중되고 보호되어야 한다. 셋째, 합법적 노동 수입과 합법 적 비노동 수입은 모두 보호되어야 하며, 단순히 재산의 유무나 다소를 정치적 선진 또는 낙후의 판단 기준으로 삼 아서는 안 된다.[7]

이상의 내용은 시장 경제 체제가 발전되면서 중국이 겪고 있는 사회주의 제도·이념과 경제·사회적 현실의 불협화음을 해소하기 위한 중국 지도부의 고뇌가 담긴 것으로, 궁극적으로 사회주의와 시장 경제의 병행 발전을 위한 것이다. 후진타오 역시 그 중요성을 인식하고 장쩌민을 이어 삼개 대표론을 정치적 사회주의와 경제적 시장주의를 조화시키고, 궁극적으로 중국적 특색의 사회주의를 실현하는 중요한 이념적 돌파구로 받아들이고 있다. 예를 들어, 후진타오는 국가 주석에 선출된 직후인 2003년 3월 26일 10기 전인대 1차 회의에서 "삼개 대표론은 당의 지혜가 결집된 것으로 사회주의 사업 발전의 중대한 지도적 의의를 갖는다"고 강조하고, 이는 덩샤오핑 이론과 함께 중화 민족의 위대한 부흥을 위한 사상적 지침임을 강조하였다.[8] 또한 2003년 7월 1일 개최된 삼개 대표론 토론회에서 행한 연설에서 삼개 대표론을 통한 3개 결합, 즉 이론 학습과 실천 지도의 결합, 객관적 세계 개조와 주관적 세계 개조의 결합, 이론 운용과 이론 발전의 결합을 역설했는데, 이는 중국이 직면한 새로운 상황과 과제를 해결하기 위한 실천과 탐색의 사상적 지침으로서 삼개 대표론의 절대적 중요성을 강조하는 것이다.[9]

결국 중국 지도부가 삼개 대표론을 비롯한 새로운 이론적 지침과 당 건설 방향을 거듭 강조하는 것은 사회주의 이념·제도 하에서 시장 경제 활성화를 추진하는 모순적 상황을 극복하기 위한 것이다. 즉, 사회주의와 시장 경제의 양립을 위한 신중한 변신의 일환이다. 문제는 새로운 이론적 지침의 제시와 실천이 과연 정치·사회적 안정과 경제 성장을 모두 담보할 수 있느냐 하는 것이다. 그중에서도 16전대회를 통해 제시된 계층 분화, 노동의 성격 구분, 소득의 합법성 등에 대한 새로운 정의가 중국 지도부의 의도대로 정치적 안정과 경제 성장, 사회 통합의 긍정적 요인으로 작용할 것인가 하는 것은 향후 후진타오 체제 전반의 안정 여부를 결정짓게 될 것이다.[10]

우선 계층 분화에 대한 공식 언급은 더 이상 외면하기 어려운 현실을 수용하고, 노동자와 농민 이외에 사회주의 시장 경제 체제에서 급성장한 신흥 계층을 생산력 발전과 사회 진보의 주요 공로자로서 인정하려는 것이다. 또한 노동의 성격 구분에 있어서 육체·정신, 단순·복잡을 불문하고 생산력 발전에 기여한 일체의 노동이 존중되어야 한다는 것 역시 노동의 전형적 형태인 육체노동 이외의 새로운 형태의 노동을 장려하고 보호하려는 것이다. 그밖에도 소득과 관련해 소득의 원천으로서 노동의 유무보다는 합법성에 근거하여야 한다고 강조하는 것은 '합법적 비노동 소득'의 정당성을 인정하기 위한 것이며, 더 나아가 재산의 많고 적음보다는 재산의 형성 과정과 사용의 적법성 등을 가지고 그 사람의 정치성을 판단해야 한다는 것이다.

이처럼 계층, 노동, 소득 형태 변화의 현실 인정과 탄력적 해석은 사회주의 시장 경제 발전에 긍정적 요인으로 작용할 것이며, 특히 현대화 건설의 기여자이면서 정치적으로 소외되어 온 계층들을 체제 옹호적인 세력으로 영입하는 효과가 있을 것이다. 그러나 이러한 결과가 반드시 후진타오 체제의 안정성 증대 요인으로 연결되는 것은 아니다. 그 이유는 정치적 좌경과 경제적 우경으로 표현되는 중국의 현 상황에서 누구도 쉽게 건드리지 못하는 예민한 문제의 재해석은 일방에 대한 기회 확대와 다른 일방에 대한 가치 박탈을 동시에 유발할 가능성이 매우 높기 때문이다. 예를 들어, 새로운 계층의 체제 내 영입 및 새로운 기회의 부여는 노동자, 농민 등 기존 사회주의 주력군의 반발로 이어질 수밖에 없다. 더욱이 단순히 신흥 계층에 대한 공식 인정만이 아니라 노동의 전형적 형태로서 육체노동의 평가 절하와 정신노동의 상대적 중시, 비노동 수입의 정당화, 새로운 계층의 정치적 진출 기회 부여 등은 기존 노동자, 농민은 물론 사회주의 시장 경제의 치열한 경쟁에서 상대적 박탈감을 느끼는 소외 계층의 불만을 가중시킬 것이다.

따라서 향후 후진타오 체제의 과제는 거스를 수 없는 경제·사회적 변화와 그에 따른 사상·이념의 재해석, 재적용을 수용하되 그것이 야기할 부정적 영향을 최소화하는 것이며, 그 성과 여하에 따라 체제 전반의 안정성이 결정될 것이다. 특히 앞서 지적한 바와 같이 농촌 문제의 악

화와 농민의 불만, 국유 기업 개혁과 '하강下崗'으로 상징
되는 노동자들의 지위 하락을 억제하는 일은 어느 면에서
새로운 계층의 수용과 시장 경제의 활력 증대보다 더 절
실한 문제로서 후진타오 체제의 최대 과제이다.[11]

2. 중국의 강대국 외교 전략

후진타오 체제가 안고 있는 대외적 과제의 핵심인 미국, 일본, 러시아 등 강대국과의 갈등·협력 조절과 영향력 확대는 대내적 과제 못지않게 후진타오 체제와 중국의 운명을 결정하게 될 요인이다. 특히 대외 전략 성패의 결정적 변수로서 중·미, 중·일 관계의 중요성과 한계를 잘 인식하고 있는 후진타오로서는 미국의 일방주의, 일본의 정치·군사 대국화 견제와 경제 부문의 협력 확대라는 상호 모순된 관계의 병행을 위해 고민하지 않을 수 없을 것이다. 또한 중국은 미국과 일본을 견제하기 위한 주요 파트너로서 러시아와 전략적 협력 관계를 강화하고자 한다.

1. 외교 정책 기조

후진타오 체제는 그동안 개혁 개방의 성공적 추진을 통해 얻어낸 대내적 역량을 대외적 영향력 확대로 연계시킴으로써 궁극적으로 소위 '소강 사회'를 향한 국가 역량의 양적, 질적 성장을 도모하고자 한다. 즉, 후진타오 체제의 외교 정책은 종합 국력의 증강을 통한 국제 사회에서의 영향력 확대 구상과 긴밀히 연계되어 있으며, 그 결과 여하에 따라 21세기 중국의 대내외적 위상이 결정될 것이다. 물론 후진타오 체제의 외교 정책 기조는 1990년대 후반 이후 중국이 취하고 있는 대외 인식과 외교 노선의 연장선에 있으며, 여전히 "평화, 발전, 합작을 기치로 자주 독립의 평화 외교 정책을 추진하고 세계 각국과의 우호 협력을 적극 도모한다"는 점을 강조하고 있다.

이와 관련하여 중국이 중점을 두고 있는 사항은 첫째, 주요 강대국 관계의 안정과 발전, 둘째, 주변 국가와의 전면적인 우호 협력 추진, 셋째, 이라크, 북한 핵 문제 등 국제적 현안과 돌발 사안에 대한 적절한 대응, 넷째, 개발도상국과의 협력,[12] 다섯째, 다자 외교의 적극적 참여, 여섯째, 대외 경제 협력의 적극적 추진, 일곱째, 대만 문제의 해결과 통일 추진 등이다. 이와 함께 중국은 정치적 상호 존중과 공동 협상, 경제적 상호 촉진과 공동 발전, 문화적 경험의 상호 교류 학습과 공동 번영, 안보적 상호 신뢰와 평화를 위한 공동 협력의 필요성을 제기하고 있다. 중국의 이러한 입장은 외교의 중점 지역과 대상, 분야별 전략을 모두 포괄하는 것이다.

한편 후진타오 체제의 대외 전략에서 나타나는 특징적 현상의 하나는 바로 후진타오가 대내적으로 주력하고 있는 '친민'에 중점을 둔 국정 전반의 쇄신과 참신한 이미지 제고, 실용적 리더십 구축 등의 움직임이 대외 정책에 직간접적으로 투영되고 있다는 것이다.[13] 실제로 최근 중국의 외교 정책은 친민 정책에 입각하여 개혁 개방의 심화, 국제 교류 증대에 따라 급속히 증대된 해외 거주 중국 공민의 합법적 권익과 안전을 도모하고, 그동안 상대적으로 경시되었던 민간 외교에 적극적인 노력을 경주해야 한다는 점을 강조하고 있다. 또한 후진타오 체제가 대내 정책 전반에서 강조하고 있는 사회주의와 시장 경제, 성장과 분배, 통제와 자율 등에 대한 '균형과 조정'이 '균형 외교'라는 측면으로 대외 정책에 반영되고 있다. 즉, 제4세대 지도부는 궁극적으로 국제 사회의 중요한 한 축을 구축하는 것을 목표로 하되, 이를 보다 점진적, 단계적으로 추진함으로써 저변의 내실을 다지고 자국의 부상에 대한 경계의 강도를 완화시키려는 의도를 갖고 있는 것으로 보인다. 이는 결국 중국이 팽창 일변도의 정책보다는 "국제 사회로부터 보다 많은 이해와 신뢰, 존중과 지지를 확보함으로써 국제적 지위와 영향력을 제고해 간다"는 것으로, 소위 책임 있는 대국responsible great power을 향한 전략적 선택이다.

후진타오 체제가 지향하고 있는 이러한 외교 정책은 덩샤오핑, 장쩌민으로 이어진 현대화, 개혁 개방의 효율적 추진을 위한 무실 외교, 실용 외교, 경제 외교의 기본 방향을 유지하고, 다른 한편으로 변화일로에 있는 국제 환경과 중국의 대내외적 위상을 종합적으로 고려한 또 다른 차원의 정책 목표를 설정하고 이를 추진하고자 하는 것이다. 특히 후진타오의 중앙군사위 주석 승계를 계기로 후진타오 체제의 외교 정책 기조가 대외 정책 전반에 본격적으로 투영될 것이다. 즉, 중앙군사위가 결정적인 영향력을 갖는 안보, 군사 부문은 미국 등 강대국 관계, 대만 문제, 한반도 정책 등 주요 외교·안보 사안과 불가분의 관계를 갖고, 따라서 중앙군사위 주석 후진타오의 영향력이 절대적으로 미칠 수밖에 없다는 것이다. 사실 후진타오는 국제 질서의 다극화와 국제 관계의 민주화, 유엔 등 주요 국제기구의 역할 강화를 통한 국제 사회의 평화와 공동 번영을 강조하고 있다. 물론 이러한 주장의 내면에는 21세기 신 국제 질서 하에서 자국의 지위와 역할을 극대화하려는 전략적 계산이 내포되어 있음을 부인할 수 없다. 그럼에도 불구하고 후진타오 체제의 대외 정책은 기본적으로 미국 등 강대국 관계의 안정적 발전, 주변국과의 선린우호, 다자 외교의 적극적 참여 등 과거와는 다소 다른 양상을 보일 것이다.

2. 대미 정책과 중·미 관계

중국이 추구하는 21세기 대외 전략은 그들의 영향력 확대 구상과 긴밀히 연계되어 있으며, 그 성패 여부는 절대적으로 미국, 일본과의 갈등·협력 조절 여하에 달려 있다고 해도 과언이 아니다. 특히 중국의 입장에서 미국과의 관계는 전반적인 대외 전략의 성패와 직결되며, 따라서 중국은 외교 역량의 절대적 부분을 대미 관계에 투입하고 있다.

탈냉전 이후 중국과 미국은 과거 소련을 겨냥한 전략적 동반자 관계로부터 양국 관계를 현실화하는 과정에서 진통을 겪어 왔으며, 앞으로도 자국의 국익에 대한 고려에 바탕을 둔 협력과 갈등의 반복적 순환이 불가피하다. 예를 들어, 중국의 입장에서 만약 미국의 대중 정책이 중국의 봉쇄나 화평연변和平演變에서 포용 정책으로 전환되더라도 이를 전적으로 신뢰하기는 어려울 것이며, 더욱이 부시 George W. Bush 정부 출범 이후 미국이 중국을 협력자보다는 경쟁자로 인식하고 있다는 점에서 미국에 대해 의구심을 가질 수밖에 없다. 한편 미국은 중국의 부인에도 불구하고 중장기적으로 중국의 군사력 증강과 대외 팽창 기도에 대한 불신을 떨쳐 버리기 어려울 것이다. 특히 중국의 민주화, 인권, 종교, 반체제 등의 문제에 대한 불신감은 현 단계에서 도저히 해소될 수 없는 고질적 현안이자 양국 간 갈등의 주요 원천이다. 예를 들어, 2005년 11월 중국을 방문한 부시 미 대통령은 중국의 정치 민주화, 종교 자유, 인권 신장의 필요성을 노골적으로 강조함으로써 중국 지도부를 당혹케 했다.

한편, 중국은 대외 영향력 확대와 관련, 대미 관계의 중요성과 한계를 충분히 인식하고 있는데, 문제는 협력과 갈등이라는 이중 구조 속에서 어떻게 자국의 이익을 극대화할 수 있는 양국 관계를 유지하느냐 하는 것이다. 이는 중국의 핵심적 대외 과제이며, 여기에서의 무능함과 실책은 내부의 비난 여론과 최고 지도부의 정치적 입지 약화로 이어질 가능성이 매우 높은 민감한 사안이다. 특히 권력을 막 승계한 후진타오는 이로부터 전혀 자유로울 수 없다. 즉, 후진타오 체제는 미국의 일방주의와 패권주의를 효과적으로 견제하고 경제 부문을 중심으로 협력을 확대하는 상호 모순된 이중적 관계를 최대한 양립 발전시켜야 하는 난제를 안고 있는 것이다.

이러한 점을 고려할 때, 중국의 대미 전략 기조를 다음과 같이 전망할 수 있을 것이다. 첫째, 중국은 부시 정부 출범과 9.11 테러 이후 강화된 미국의 패권주의와 일방주의에 대한 견제를 대미 정책의 핵심으로 유지하고자 할 것이다. 물론 이는 노골적 반감을 표시하거나 적대 정책을 취하는 것은 아니며, 자국의 이해관계에 부정적 영향을 미칠 소지가 다분한 미국의 패권주의를 경계하고 그에 대한 억제 방안을 다각적으로 모색하는 것이다. 중국의 이러한 정책 방향은 중국의 최고 지도부가 강조하는 현 단계 국제 질서의 문제점에 대한 진단과 처방에서 잘 나타나고 있다.[14]

둘째, 중국은 수세적 태도를 지양하고 자주적 입지를 확대함으로써 궁극적으로 미국과 대등한 국제 질서 주역으로 성장하는 것을 대미 정책 방향으로 유지하려 할 것이다. 동시에 미국의 단일 패권 체제에 불만을 갖는 국가들과 다양한 연대를 모색하고자 할 것이다. 일례로 중국은 러시아 및 유럽연합, 제3세계 국가들과의 관계를 다각적으로 강화하는 것이 일부 국가가 제기하는 자국의 팽창적 이미지를 최대한 완화하면서 미국의 공세에 대응할 수 있는 효과적 방안으로 인식하고 있다. 사실 중국은 1990년대 중반 이후 러시아와의 전략적 협력 관계를 강화하고 있고, 최근에는 유럽연합,[15] 인도[16] 등과의 정치·경제적 공감대 확대 및 제3세계 국가들과의 전통적 우호 관계 복원에 노력을 기울이고 있는데, 이는 다분히 미국을 의식한 것이다.

셋째, 중국은 대미 정책을 추진하면서 구체적 사안과 그 성격에 따라 탄력적으로 대응할 것이다. 즉, 중국은 대만, 티베트·신강 등 주권·영토의 문제, 정치 민주화 및 반체제 문제, 인권 및 종교 문제 등에 있어서 사안의 근본 성격과 변화 추이, 국제 여론 동향 등을 고려하여 차별적으로 대응할 것이다. 예를 들어, 중국은 대만 문제와 같이 민족적 과제로 인식하는 사안에 있어서는 타협의 여지를 보이지 않겠지만, 인권, 종교, 민주화 등 일부 사안에 대해서는 신축성 있는 태도를 취할 가능성이 높다.

넷째, 중국은 대미 관계에서 정치 · 안보 부문의 상호 불신과 갈등을 근본적으로 해소하기 어렵다고 인식하면서도 경제, 과학 기술, 문화 분야의 협력은 확대하려 할 것이다. 이와 관련하여 미국 역시 적극적인 입장을 갖고 있는 것으로 보인다. 즉, 미국은 기본적으로 체제 · 이념적 불신과 불만에도 불구하고 중국을 위협과 견제의 대상으로 인식하기보다는 경제 부문을 중심으로 소위 '전략적 개입 strategic engagement'을 강화하는 것이 자국의 경제적 이익 기반을 확대하는 동시에 중장기적 차원에서 중국의 정치 개혁, 민주화를 촉진하는 것이라고 판단하고 있다.

결국 후진타오 체제는 국제 질서 인식의 차이, 미국의 일방주의에 대한 견제, 자국의 21세기 대내외 전략, 중 · 미 관계의 특성과 현안 등을 모두 고려한 바탕 위에서 대미 정책을 추진하고 있으며, 그 핵심은 '견제와 균형,' '대립과 협력'의 이중 구조를 최대한 안정적으로 유지하는 것이다. 따라서 중국은 자국의 영향력 확대를 위해 미국의 일방주의를 견제해야 하지만, 다른 한편으로 미국의 패권적 지위를 전면 부정하거나 이에 정면 대응하기보다는 일정 수준에서 균형을 이루어야 한다는 인식을 갖고 있다. 즉, 중국은 향후 상당 기간 동안 미국이 국제 사회 및 중국의 대외 관계에 중요한 영향을 미치게 될 것이기 때문에 자신들이 소위 '굴기崛起'하는 과정에서 미국과의 크고 작은 대립이 불가피하며, 따라서 미국과의 관계에 환상을 갖지도 않고 비관하지도 않는 최적의 전략적 관계를 유지해야 한다고 판단하고 있다.

물론 중국의 이러한 대미 전략과 정책 방향은 중국과 미국의 대내외 정책 및 국제 정세 변화, 9.11 테러 같은 돌발적인 사건에 의해 민감한 영향을 받을 수밖에 없으며, 이는 결국 양국 관계의 기복을 초래하는 요인이다. 예를 들어, 9.11 테러와 미국의 테러와의 전쟁은 중 · 미 관계에 영향을 미친 중요한 요인인데, 테러 발생 직후 부시 정부가 중국을 전략적 경쟁자보다는 테러와의 전쟁 수행을 위한 협력의 대상으로 인식하고 중국 역시 이에 호응하면서 양국은 사회주의권 해체 이후 가장 협력적인 관계를 유지했으며, 이는 결국 중국의 지속적 경제 발전과 안정적 지도부 교체에 긍정적으로 작용했다. 그러나 미국의 테러와의 전쟁이 예상보다 확대되면서 일방주의, 패권주의적 경향이 노골화되고, 급기야 중동, 중앙아시아, 동남아시아 지역에서 미국의 군사력 증강이 중국에 대한 새로운 봉쇄 encircle and contain China라는 의구심마저 야기하면서 테러리즘에 대한 해석과 테러와의 전쟁 확대에 대한 양국 간의 심각한 대립이 초래되었다.

이처럼 중국과 미국의 관계는 전면적 동반자 관계를 최고점, 극도의 대립과 냉각을 최저점으로 하는 범위에서 때로는 최고점에 근접하여 관계를 유지하고 때로는 최저

점에 접근하여 관계를 형성한다. 이는 현 단계에서 완전한 해소가 불가능한 이념적, 체제적 갈등이 유발하는 대립을 최대한 관리하면서 협력 관계를 유지해야 하는 안정 속의 갈등, 갈등 속의 안정 양상을 보이는 중·미 관계의 특징이다. 그리고 양국 관계의 이러한 특징은 2005년 11월 20일 후진타오와 부시의 베이징 정상 회담에서도 잘 나타났다. 중국의 입장에서는 미국의 압도적 우위에 기반한 소위 '일초다강─超多强'의 세계 질서가 적어도 당분간 지속될 수밖에 없고, 따라서 미국과의 기본적인 협력 관계를 유지하는 것이 자국에 유리하다는 판단을 하고 있는 것이다. 이러한 이유 때문에 중국은 전반적인 대외 전략 및 대미 정책에서 공세적 입장과 수세적 입장이 혼재된 자기 이미지mixed self-image를 표출한다. 즉, 중국은 국제 질서의 새로운 재편 과정에서 자국의 이익을 확대하기 위해 야심찬 의도를 자신만만하게 드러내기도 하지만, 다른 한편으로 현 국제 질서에 대해 순응적, 보수적 입장을 취하고 방어적 대외 정책을 추진한다. 여기에는 미국을 위시한 주요 국가들로부터 현 중국 공산당 정권의 정당성을 인정받고 이를 통해 지도부가 갖고 있는 정치적 불안감political insecurity을 해소하고자 하는 정치적 고려가 중요한 영향을 미치는 것으로 보인다.

3. 대일 정책과 중 · 일 관계

중 · 일 관계에서 나타나고 있는 특징적 변화는 경제 분야를 중심으로 한 기존의 협력 위주의 관계에서 정치 · 군사적 갈등이 점차 부각되고 있다는 것이다. 그동안 중국과 일본은 궁극적으로 지향하는 목표와 기본 인식에서 차이점을 갖고 있으면서도 경제 분야를 중심으로 한 상호 협력의 현실적 필요 때문에 상대방의 민감한 부분을 자극하기보다 현실적으로 협조 가능한 부분에 주안점을 두어 왔으나 중 · 일 관계는 점차 대립 가능성을 묻어 둔 채 협력만을 부각시키는 방향으로 발전하기가 어려워지고 있다. 특히 최근 중국은 일본의 재무장 움직임을 주시하고, 일본 역시 중국의 정치 · 경제 · 군사적 팽창을 위협으로 인식하면서 양국 간 정치 · 군사적 갈등이 더 이상 잠재된 가능성의 상태로만 머무르지 않는 경향을 보이고 있다.

이는 중국과 일본 모두가 대외적 영향력 확대를 추구하는 과정에서 서로를 지역 패권의 경쟁 상대로서 인식하는 데 따른 것이다. 또한 중국의 경제 성장에 따라 개혁 개방 성패의 절대적 요인으로서 일본의 비중이 축소되고, 중국의 대내외적 위상 변화에 따른 중국 내 여론의 대일 인식 변화 역시 적잖은 영향을 미친 것으로 보인다. 예를 들어, 중국이 비약적인 경제 성장을 이룩하고 대외적 영향력이 강화되면서 상대적으로 중국인들이 인식하는 일본의 위상은 평가 절하되고, 더욱이 일본의 역사 왜곡, 정치권의 보수 우경화와 보통 국가에 대한 집착, 미국과의 군사·안보적 밀착 등이 두드러지게 나타나면서 중국의 지도부는 물론 인민에 이르기까지 일본에 대한 불신이 광범하게 확산되었다.[17] 이러한 경향은 일본에서도 유사하게 나타나고 있는 것으로 보이는데, 즉 1989년 6.4 천안문 사건, 냉전의 종식, 크고 작은 정치적 마찰, 중국의 반일 시위 확산에 따른 반발 등으로 일본 내의 반중 정서와 중국의 팽창에 대한 우려가 증대되고 있다.

그럼에도 불구하고 대미 관계와 마찬가지로 대일 관계 역시 견제 일변도 정책은 불가능하다. 특히 소강 사회를 향한 사회주의 시장 경제 심화 과정에서 자본·기술의 도입과 수출 시장으로서의 일본은 여전히 불가결한 요인이다. 따라서 향후 중·일 관계는 경제 부문의 협력과 정치·군사적 갈등의 조화 여부가 관건이다. 이러한 맥락에서 후진타오 체제의 대일 정책을 전망하면, 첫째, 일본의 군사력 증강과 역할 증대가 미국의 비우호적인 정책에 편승, 연계되는 것을 극력 차단하고자 할 것이다. 실제로 중국은 1996년 이후 미국과 일본의 군사 협력 강화, 특히 미국이 주한 미군과 주일 미군의 재편을 추진하고 궁극적으로 일본의 군사적 역할 증대를 적극 지원하는 움직임에 대해 매우 민감하게 반응하고 있다.

물론 중국이 21세기를 겨냥한 미국과 일본의 새로운

안보 협력 구상과 그에 따른 일본의 안보 역할 확대에 대해 반감을 가지고 있으나, 이를 중국이 일본과의 안보 협력 여지를 완전히 배제하는 것으로 볼 수는 없다. 즉, 중국은 미·일 신 안보 협력 지침의 궁극적 대상과 목표에 대해 강한 의구심을 갖고 있는 것은 분명하지만, 다른 한편으로 이로 인한 대미, 대일 관계의 악화와 주변 국제 질서의 불안정을 원하지는 않는다. 따라서 중국은 앞으로도 일본과의 정례적인 안보 회담 개최 등을 통하여 양국의 군사력, 군사 정책의 투명성을 제고하는 한편, 일본의 '전수방위,' '평화 헌법' 고수가 일본은 물론 역내 평화·안정에 유리하다는 점을 국제 사회에 부각시키고자 할 것이다.[18]

둘째, 댜오위댜오釣魚島, 대만 문제 등 주권, 영토 문제에서 강경한 입장을 고수할 것이다. 중국은 일본이 주변사태법, 유사시 법안 통과에 이은 평화 헌법의 수정 움직임 등을 통해 군사적 활동 범위를 명시적으로 확장하고, 더욱이 이러한 추세가 대만 문제에 대한 일본의 영향력 증대로 연결될 가능성을 우려하고 있다. 특히 대만 문제에 대한 일본의 개입 움직임에 대해서는 초강경 입장을 고수할 것이다. 중국은 사회주의권 붕괴 이후 미국의 대 중국 정책 변화 과정에서 경험하였듯이 일본의 중국 정책 역시 변화할 가능성이 다분하며, 특히 대만 문제와 관련된 부분에서는 이미 변화가 시작되었다는 인식을 갖고 있다. 그리고 경우에 따라서는 대만 문제에 대한 일본의 영향력이 증폭될 수 있다는 우려를 갖고 있는 것이 사실이다. 즉, 1895년 이후 1945년까지 대만을 식민 통치한 일본이 대만에 대해 갖고 있는 묘한 미련과 지분 의식이 대만 내의 친일 정서와 결합할 가능성, 미국 주도의 MD 계획에 참여하려는 대만의 움직임, 대만해협에서 일본 자위대의 유사시 활동 범위 확대 등에 대해 강한 거부감을 보이고 있다. 더욱이 천수이볜 대만 총통은 대만에 대한 중국의 미사일 위협에 대처하기 위해 미국, 일본 및 대만이 공동으로 미사일 개발을 추진해야 한다는 점을 강조하고, 더 나아가 대만해협의 평화를 위해서는 미국과 일본이 대만과 함께 책임을 분담하고 협력해야 한다는 점을 강조하고 있는데, 이는 중국이 가장 우려하는 상황이다.

셋째, 과거사 문제에 있어서도 강경한 입장이 불가피하며, 이는 지도부의 전략적 판단과 함께 대내 여론의 추이가 영향을 미칠 것이다. 즉, 이 문제는 이미 양국의 국내 여론, 정치 상황과 연계되어 있어서 최고 지도자의 결단만으로 해결할 수 있는 사안이 아니다. 특히 중국은 2001년 고이즈미 총리의 야스쿠니 신사 참배 이후 이를 "중국인들의 감정을 무시하고 중·일 관계의 정치적 기반을 손상시키는 행위"로 비난하는 동시에 일본이 과거의 역사를 거울삼아 미래 지향적 태도를 취할 것以史爲鑒, 面向未來을 촉구하고 있다. 일례로 주일 중국 대사 왕이王毅는 2004년 10월 18일 일본에서의 기자 회견을 통해 현 단계의 중·

일 관계를 정치적으로 냉각되고 경제적으로 뜨거운 "정냉경열政冷經熱"의 비정상적인 관계로 표현하고, 이를 극복하기 위해서 역사적 경험과 교훈을 관계 발전의 동력으로 삼아 윈-윈 할 수 있는 호혜 협력을 확대해야 한다는 점을 강조했다. 특히 고이즈미의 신사 참배와 관련하여 왕이는 이 문제가 이미 일본의 내정 차원을 벗어나 국제 정의와 관련된 심각한 외교적 문제라는 점을 강조했다. 실제로 중국은 고이즈미 총리의 야스쿠니 신사 참배 이후 중·일 정상 회담을 거부해 왔으며, 2004년 11월 칠레 산티아고에서 개최된 APEC 회담 과정에서 비로소 후진타오 주석과 고이즈미 총리 간의 정상 회담이 가까스로 이루어졌다.

마지막으로 중국은 북한 핵 문제의 해결 이후 가속화될 수 있는 북·일 관계의 개선 속도와 범위를 일정하게 통제하고자 할 가능성이 있다. 중국은 북·일 관계 개선이 북·미 관계 개선에 일정하게 종속되는 측면이 있고, 북·일 관계 개선의 중요성이나 비중이 북·미 관계 개선에 비해 떨어진다는 인식을 갖고 있다. 그러나 다른 한편으로 중국은 북한의 대외적 입지 강화, 특히 경제력 강화를 위해 일본과의 관계 개선이 불가피하다는 판단을 하고 있다. 따라서 중국은 북·미 관계 개선의 경우와 마찬가지로 북·일 관계 개선의 필요성을 인정하면서도, 이것이 결과적으로 한반도 문제에 대한 일본의 입지 강화, 자신들의 영향력 축소로 이어지는 것을 억제하고자 한다. 이는 중국

이 북한과 일본의 관계 개선을 향후 중·일 관계의 전반
적 상황 및 일본의 중국 정책, 대만 정책 등과 철저히 연계
시켜 자국 이익의 관점에서 상황적 지지 혹은 비협조적
태도를 선택적으로 운용하고자 할 것임을 의미한다.

결국 중국과 일본은 정치·군사적 대립 가능성의 증대
에도 불구하고 경제 협력 요인의 증대를 통해 정치·군사
적 갈등 요인을 억제함으로써 기본적으로 이중적인 관계
구조를 유지하고자 할 것이다. 따라서 향후 중·일 관계는
경제 협력 필요성과 점증하는 정치·군사적 갈등을 어떻
게 조화시켜 나가느냐에 따라 양상을 달리할 것이다. 문제
는 지역 패권 경쟁이 불가피한 양국 관계의 속성상 중·일
관계 변화가 그들만의 관계 변화에 그치지 않고 남북한, 미
국, 러시아, 대만 등 주변 국제 정세 변화에 직접적인 영향
을 미칠 것이라는 점이다. 특히 그들의 패권 경쟁이 한반
도를 비켜가기 어렵다는 것은 외면할 수 없는 현실이다.

4. 대러 정책과 중·러 관계

중국의 대러 정책의 핵심은 기존의 대미 견제 파트너십을
근간으로 상하이협력기구SCO 등을 통한 중국과 러시아
주도의 다자 협력 체제를 확대 발전시키고 에너지, 안보,
통상 부문의 협력을 강화하는 것이다. 특히 관계 발전의

한계에도 불구하고 중·러 양국의 대미 불만과 견제 심리는 양국 간 우호 협력의 지속적인 에너지원으로 작용할 것이다. 즉, 중국은 러시아를 미국의 일방주의를 견제하는 데 있어 가장 중요한 파트너로 인식하며, 과거 장쩌민-옐친에 이은 후진타오-푸틴의 파트너십은 9.11 테러 이후 강화되고 있는 미국의 패권주의와 일방주의에 대한 견제에 무게를 두고 있다. 일례로 후진타오는 2003년 5월 28일 모스크바 국제관계학원에서 행한 연설에서 현 국제 정세가 평화·발전 요인의 증대에도 불구하고 테러리즘, 일방주의, 지역 충돌 등 각종 도전 요인에 직면하고 있으며, 이를 극복하기 위해서 공정하고 합리적인 국제 정치·경제 질서를 수립해야 한다는 점을 강조하였다.

후진타오의 연설은 기본적으로 미국의 패권주의에 대한 경계심을 담고 있으며, 구체적인 내용은 다음과 같다. ① 국제 관계의 민주화를 촉진하여야 한다. 즉, 국가의 대소, 강약, 빈부를 불문하고 모든 국가는 국제 사회의 평등한 일원이며 자국의 정책을 스스로 결정하고 국제 사무에 평등하게 참여해야 한다. ② 다양성은 세계 문명의 기본 특징이라는 점에서 각국의 다양성을 수호하고 존중해야 한다. ③ 신뢰, 호혜, 평등, 협력의 새로운 안보관을 수립해야 한다. 오직 신뢰, 평등한 협상과 광범한 협력만이 보편적이고 영구적인 안보를 실현할 수 있다. ④ 국제 사회의 공동 노력을 통해 세계 경제를 균형, 안정, 지속 가능한 방향으로 발전시켜야 한다. ⑤ 유엔과 안보리의 중요한 역할을 존중해야 한다.[19] 중·러의 이러한 공동 인식은 2004년 10월 푸틴 러시아 대통령의 중국 방문 과정에서도 잘 나타나고 있는데, 당시 발표된 중·러 공동 성명 제2항은 "주요 국제 현안의 해결을 위해 유엔과 안보리의 역할이 증대되고 유엔 헌장의 정신과 원칙이 존중되어야 한다"는 점을 강조하고 있다.[20]

중국이 대미 견제라는 큰 범위의 전략 이외에 대러 관계에서 중점을 두고 있는 부문은 최근 중국이 고도로 중시하고 있는 에너지 분야의 협력, 동부 접경 지역의 국경 및 인구 유동 문제 등이다. 우선 중국은 자국의 에너지 수요 급증과 이라크 전쟁 이후 세계 에너지 수급의 불안정, 미국의 에너지 패권 움직임 등과 관련하여 상당한 우려를 갖고 있으며, 이러한 에너지 문제의 해결을 위한 중장기 전략에서 러시아와의 협력 강화가 중요한 비중을 점하고 있는 것으로 보인다. 사실 중국은 시베리아산 원유 수송을 위한 송유관의 자국 영내 통과를 강력히 희망해 왔으며, 러시아가 내부적으로 극동의 나호드카로 연결하는 안을 잠정 확정한 상황에서도 계획의 변경 혹은 지선의 건설 등 절충 방안을 꾸준히 제기하고 있다. 결국 양국은 공동 성명을 통해 경제 협력의 확대 방안의 하나로서 에너지 부문의 협력 강화 필요성을 강조했으며, 러시아는 에너지 문제에 대한 중국의 지대한 관심을 충분히 이해하고 이를

적극 지원한다는 입장을 표명했다.[21]

　그밖에도 동부 지역의 국경 문제와 러시아 영내 극동 지역의 중국인 유입 문제 등은 양국 간의 예민한 문제로 잔존해 왔으나, 2004년 10월 푸틴 대통령의 중국 방문을 계기로 기본적인 합의를 이루었다. 즉, 러시아가 우려를 표명한 러시아 영내 극동 지역의 중국인 불법 유입 문제와 관련하여 중국이 합리적인 조치를 약속하는 동시에 고질적인 문제로 잔존했던 국경 문제를 마무리하고 4,300km의 국경선을 획정했다.[22] 또한 반테러리즘, 북한 핵 문제 등 주요 안보 사안과 관련하여서도 평화, 번영, 화해의 조성과 공정하고 합리적인 국제 정치 · 경제 질서 수립이라는 대원칙에 입각하여 적극 협력한다는 데 인식을 같이했으며, 이러한 공감대는 2004년 11월 산티아고에서 열린 양국 정상 회담에서도 재확인되었다.

　이처럼 중국과 러시아는 그들의 표현대로 전례 없는 우호 협력 관계를 유지하고 있으며, 미국의 패권적인 지위와 일방주의 외교가 지속되는 한 대미 견제 필요성은 양국 관계의 긍정적 요인으로 작용할 것이다. 예를 들어, 2005년 8월 서해상에서 중국과 러시아가 최초로 실시한 대규모 합동 군사 훈련은 "특정 국가를 겨냥한 것도 아니고 새로운 군사 블록을 만들 의도도 없다"는 세르게이 이바노프 러시아 국방장관과 차오강촨曹剛川 중국 국방장관의 강조에도 불구하고 미국과 일본을 겨냥한 것이 아니라고 부정하기는 어려울 것이다. 그러나 중·러 관계 역시 관계 발전의 제약이 없는 것은 아니다. 중국은 적어도 현 단계에서 러시아를 한반도는 물론 동북아 지역의 경쟁자로 인식하지는 않으며, 이 지역에서 러시아의 소외감을 이해하지만 재도약을 위한 러시아의 행보를 적극 지원할 의도는 없는 것으로 보인다. 예를 들어, 중국은 1990년대 중반 이후 지속하고 있는 정상 회담을 통해 동북아 및 한반도 관련 논의 과정에서 배제된 러시아의 불만을 이해하는 듯한 태도를 보였지만, 내심 과거 미국과 소련이 절대적으로 주도했던 주요 현안의 논의 과정에서 소련의 역할을 대체했다는 인식을 갖고 있다. 따라서 중국은 동북아 지역에서 러시아의 영향력 확대에 적극 협조하기보다는 지나치게 소외시키지 않는 선에서 사안에 따라 전략적 파트너십의 수준을 탄력 있게 조절하고자 한다.

결국 향후 중·러 관계는 에너지 협력과 통상 확대를 중심으로 한 경제적 호혜, 대미 견제 차원의 느슨한 안보 협력, 국제 사회에서의 반패권 및 다극화를 위한 공조 등을 중심으로 유지될 것이며, 2001년 7월의 "선린우호 협력 조약"과[23] 2005년 7월 1일 후진타오의 모스크바 방문을 통해 발표된 "21세기 국제 질서에 관한 공동 성명"[24]은 향후 양국 관계를 규율하는 중요한 틀이 될 것이다. 또한 중국의 입장에서는 2004년 3월 재선 이후 푸틴 대통령이 강조하고 있는 소위 '강한 러시아'를 향한 행보, 특히 신형 핵무기 개발을 포함한 군사력 증대와 국제 사회에서의 영향력 확대 가능성을 예의 주시하고 그에 상응한 관계 발전 방향을 모색하고자 할 것이다.[25]

3. 중국의 대만 정책과 양안 관계

중국의 입장에서 대만 문제는 반드시 해결해야 할 국가 · 민족 차원의 과제로서 누구도 이로부터 자유롭지 못하며, 적어도 상징적으로라도 대만 문제를 최우선 정책 과제로 설정하고 있다. 즉, 중국의 최고 지도자에게 있어 대만 문제의 해결을 위한 노력과 일정한 성과의 창출은 선택이 아닌 필수적 부분이며, 만약 이에 역행하는 방향으로 대만 문제가 전개될 경우 그의 정치적 기반에 부정적인 영향을 미치게 된다. 따라서 후진타오 주석에게 있어서 대만 문제는 지극히 중요한 사안이며, 특히 대만 문제 등 국가적 정치 · 안보 사안을 주도할 수 있는 군사위 주석을 승계한 상황에서 대만 문제에 대한 정책적 선택과 가시적 성과에 더욱 민감할 수밖에 없다. 예를 들어, 후진타오 주석은 2002년 이후 주요 국가 지도자들과의 각종 회담에서 예외 없이 대만 문제에 대한 중국의 확고한 입장을 피력하고 이에 대한 적극적인 동조와 지원을 강조하였으며, 2005년 9월 부시 미 대통령과의 정상 회담에서도 "중·미 관계의 건강한 발전을 위해서 대만에 대한 미국의 무기 판매 중단 등 대만 문제를 합리적으로 해결해야 하며, 하나의 중국 원칙 하에 어떠한 문제도 논의할 수 있다"[26]는 입장을 거듭 강조했다.

1. 천수이볜 정권의 출범과 양안 관계

(1) 정권 교체의 정치적 의미

1949년 이후 대만의 정치·경제·사회를 초법적으로 지배했던 국민당 정부의 퇴진과 민진당 정부의 출범은 그 자체가 하나의 사건이었다. 2000년 3월 당시 선거 과정에서 전례 없는 과열, 혼탁 양상이 나타났고 대외적인 관심이 집중되었는데, 결국 민진당의 천수이볜陳水扁, 국민당의 롄짠連戰, 무소속의 쏭추위宋楚瑜 후보 3명이 경합하여 39.3%의 지지를 얻은 천수이볜이 쏭 후보를 근소한 차이로 누르고 당선되었다. 1986년 창당된 민진당[27] 정권의 등장이 갖는 정치적 의미는 다음과 같이 요약할 수 있다.

첫째, 국민당 정부가 대만으로 패퇴한 이후 초유의 정

권 교체라는 점이다. 물론 대만의 정치 과정은 장제스, 장징궈로 이어진 부자 세습의 국민당 통치 기간을 거쳐 1988년 리덩후이李登輝가 총통을 승계하면서 이미 상당한 변화를 겪어 왔다. 그러나 이는 어디까지나 국민당 내의 변화라는 한계가 있었는데, 2000년 선거는 국민당의 50년 통치를 종식시키는 결과를 가져왔다. 특히 총통 후보 지명과 관련하여 심화된 롄짠, 쑹추위를 중심으로 한 국민당 지도부의 내분은 결국 쑹추위의 국민당 탈당과 총통 선거 출마로 이어졌고, 이는 국민당의 조직력에 엄청난 손상을 입혔다. 당시 후보 단일화 실패는 민진당 후보가 승리할 수 있었던 결정적 요인이었다.

사실 국민당 지도부의 분열은 1988년 1월 장징궈 총통이 사망하고 대만 출신인 리덩후이가 집권하면서 이미 예견된 일이었다. 그는 기존 국민당 지도부의 강렬한 대륙적 정서를 갖고 있지 않았으며, 따라서 국민당 지도부 및 권력 구조를 개편하는 과정에서 대만 요인을 철저히 고려했다. 사실 국민당은 이미 과거 장씨 일가 집권 시기의 국민당이 아니며, 대만화된 국민당으로 변모한 지 오래였다. 다만 그들은 국민당의 법통을 유지함으로써 막대한 조직력과 재력을 승계했으며, 이는 1990년대 리덩후이 정부가 존속할 수 있었던 힘이었다.[28]

둘째, 개혁·패기의 이미지를 갖고 있는 대만 출신의 진보적 인사가 총통으로 당선되었다는 점이다. 국민당의 현실성 없는 대륙 지향적 정서와 정책 및 패배주의적 경향에 식상한 대만인들은 중국을 포함한 국제 사회에서의 무력감을 극복하고 엄연히 독립적으로 존재하고 있는 대만의 정체성을 부각시킬 수 있는 인물을 선택했다. 특히 과거 최초의 직선 타이베이 시장으로서 천수이벤이 보여준 청렴과 강직성은 부패하고 노회한 국민당 원로들에 식상한 대만인들의 마음을 사로잡기에 충분했다.

셋째, 리덩후이 총통 집권 시기에 이미 가시화된 대만의 적극적 외교 공세가 한층 강화될 수밖에 없고, 특히 민진당과 천수이벤의 정치적 성향이 기본적으로 대만의 독립을 추구한다는 점에서 일단 양안 관계에 긴장이 초래될 가능성이 높아졌다. 물론 대만인들의 절대 다수는 대만의 정치 · 경제적 안정 기조를 무너뜨릴 수도 있는 급격한 통일이나 독립보다는 현상 유지, 즉 통일도 아니고 독립도 아닌 소위 '불통불독不統不獨' 상태를 원하는 것이 사실이다. 천수이벤 역시 이러한 현실을 인식하고 2000년 5월의 총통 취임 연설에서 독립과 관련된 강경한 입장을 표명하지 않았으며, 실제로 집권 이후의 대륙 정책에서도 비교적 온건한 입장을 유지했다.[29]

결국 2000년 총통 선거와 정권 교체는 대만에 있어서 하나의 역사적 전환이자 정체성 확립을 위한 대내외적 변화가 본격적으로 시작될 것임을 의미하는 것이었다. 특히 거대한 공룡과도 같은 국민당 정권에 대항하면서 성장한 민진당과 이를 대표하는 민주·인권 인사로서의 투쟁 경력과 이미지를 갖고 있는 천수이볜의 총통 취임은 대내적으로 경제 발전과 중국의 위협으로부터의 생존이라는 구실 아래 장기간 왜곡되었던 정치 과정을 혁신하고, 대외적으로는 소위 생존 공간 확대를 위한 긍정적 환경이 조성되었음을 의미하는 것이었다.

(2) 대내 개혁과 대외 공세

2000년 당시 민진당 총통 후보로서 천수이볜에 대한 대중적 지지는 그가 갖고 있던 반독재, 인권, 청렴 등의 이미지와 대만 지향적인 성향에 기인한다. 취임 이후 그의 리더십 구축과 정권의 안정성 역시 이러한 측면의 적극적인 활용과 불가분의 관계를 가진다.

우선 대내적인 정치 개혁과 관련하여 2000년 5월 당시 대만의 상황은 1988년 리덩후이 정권 출범 당시와는 비교할 수 없을 정도로 정치 민주화 및 인권 상황이 개선되었기 때문에 천수이볜으로서는 개혁, 규제 완화 일변도의 정책을 취할 필요는 없었다. 즉, 대만의 대내 정치 환경은 이미 과거와는 전혀 다른 것이었고, 따라서 민주화 개혁 역시 초법적 통치 체제의 잔재를 제거하는 것이라기보다는 기존 개혁의 연장선에서 민주화 수준을 한 단계 제고하는 데 초점이 맞추어졌다.[30]

이와 함께 천수이볜은 대만의 정치 민주화, 정치 발전 문제를 국내적 차원에서 국제적 차원으로 확대함으로써 자신들의 국제적 지위 제고를 위한 간접적 수단의 하나로 활용하고자 했다. 예를 들어, 취임사에서 "자유 · 민주"의 중요성을 강조하는 동시에 이를 구체화하기 위한 각종 정책과 방안을 제시했다. 즉, 민진당 정권의 출범이 아시아 지역의 민주화 경험에 또 하나의 감동적 사례를 더한 것이라고 자평하고, 2,300만 대만인들의 확고한 의지로 선거를 통한 정권 교체를 이룩한 민주주의의 승리를 바탕으로 국제 사회의 인권 수호에 노력을 기울일 것이며, 더 나아가 각종 국제적 인권 규범을 국내법화 함으로써 대만의 자유, 민주, 인권을 진작시키겠다는 점을 강조하였다.

이처럼 천수이볜은 초유의 정권 교체를 대만 민주주의의 승리라고 선언하고 대만을 세계의 주목을 받는 "민주의 섬民主之島"으로 발전시키겠다는 의지를 표명하였다. 그의 이러한 민주, 인권 인식과 의지는 분명 대만의 민주화에 긍정적 요인으로 작용했으며, 그의 표현대로 대만의 민주화를 국내적인 차원에서 국제적인 차원으로 끌어올리는 데 기여했다고 할 수 있다. 그러나 다른 한편으로 민진당 정권의 민주, 인권을 향한 행보에 아무런 장애가 없었던 것은 아니다. 즉, 천수이볜의 대내적 입지가 그렇게 확고부동한 것은 아니었으며, 정권 담당 경험이 없는 신생 정권이 갖는 한계를 보일 수밖에 없었다. 이는 천수이볜의 취임 당시 많은 사람들이 우려했던 바와 같이, 비록 노쇠했다고는 하지만 지난 몇 십 년간 대만의 정치·경제·사회를 좌지우지했던 거대한 국민당의 노련함이 천수이볜을 궁지에 몰 수도 있었기 때문이다.

실제로 천수이볜 정권은 출범 초기 초대 행정원장으로 취임했던 탕페이唐飛가 사임하는 등 대내적으로 어려운 상황을 맞았으며, 이로 인해 정치적 난관에 처하기도 했다. 다수당을 차지하고 있는 국민당과 총통 선거 과정에서 천수이볜과 박빙의 경합을 벌였던 쑹추위의 친민당, 신당 등이 그의 반대 입장에 서고, 더욱이 주요 현안을 둘러싼 정치권의 대립과 갈등이 증폭되면서 천수이볜은 궁지에 몰렸으며, 심지어 총통 탄핵안이 추진되기도 했다. 물론 이러한 정치적 어려움은 원내 소수 정당이자 약체인 민진당 정권에게는 이미 예상되었던 것이다. 이러한 상황에서 천수이볜은 특유의 대중적 이미지와 추진력을 바탕으로 롄짠의 국민당, 친민당 등과 다양한 형태의 연합과 제휴를 통해 정권 안정의 돌파구를 마련하고자 했고, 특히 그 과정에서 야당과의 차별화 전략으로 자유·민주·인권 등을 더욱 강조하면서 이를 통해 여론의 지지를 확대 재생산하는 전략을 추진했다.

이처럼 천수이볜의 민진당 정부는 집권 초기부터 대내적인 어려움에 직면했으며, 정권 출범 2주년을 맞은 지난 2002년에는 전례 없는 심한 가뭄으로 주요 산업에 대한 공업용수 공급마저 힘든 상황이 야기되었고, 이는 당시 가뜩이나 침체에서 벗어나지 못하던 경제 상황을 더욱 어렵게 하였다. 더욱이 크고 작은 지진이 빈발하고, 설상가상으로 대만의 국적기인 중화항공 여객기가 타이베이에서 홍콩으로 비행하던 중 대만해협에 추락하여 200여 명이 사망하기도 했다. 이러한 상황에서 천 총통은 여비서와의 성추문으로 곤욕을 치르기도 했으며, 2003년에 들어서는 중증 급성 호흡기 증후군SARS의 발생으로 최악의 상황에 직면하였다.

한편 대내적인 차원에서 국민당을 중심으로 한 기득권 세력으로부터 거센 저항을 받고 예기치 못한 천재지변까지 겹친 상황에서, 천수이볜의 대륙 정책과 대외적 지위 확대를 위한 외교 공세도 획기적인 진전을 이루지 못했다. 즉, 현 단계 양안 관계의 특성상 특정 지도자 및 그를 중심으로 한 정치 세력이 정치적 측면에서 양안 관계의 급진전이나 대외적 입지의 급격한 강화를 이루기 어려운 측면이 있는데, 더욱이 약체 신생 정권에게는 더욱 힘에 부치는 일이었다. 그럼에도 불구하고, 앞서 지적한 바와 같이, 천수이볜의 이미지와 지지의 원천이 대만인들의 정서에 기반하여 중국과 국제 사회로부터 자주 독립적 정치 실체로서의 대만을 부각시켜 나가는 것이라는 점에서 이와 관련된 정책을 전략적으로 추진하지 않을 수는 없었다.

우선 중국과의 관계에서 천수이볜은 비록 총통 취임

이후 선거 기간 중 강도 높게 강조했던 대만의 자주적인 지위 확보와 독립에 대해서는 발언 수위를 낮추었지만, 중국이 양안 관계 및 대만 문제 해결을 위한 불변의 철칙으로 강조하는 '하나의 중국,' '일국양제一國兩制'에 대해서는 강하게 반발했다. 예를 들어, 천수이볜은 기본적으로 대만은 이미 엄연한 자주 독립적 정치 실체이지만 국제 정치의 불합리한 원칙과 역학 구조 속에서 유엔 가입 등을 통해 정식의 국가로 인정받지 못할 뿐이라는 인식을 갖고 있다. 따라서 대만이 중국의 불가분의 일부분이라거나 소위 대만 문제가 전적으로 중국의 내정이라는 하나의 중국 원칙은 지극히 불합리하고, 이에 근거한 일국양제는 결코 수용할 수 없다는 것이다.

천수이볜의 이러한 인식은 넓은 의미에서 하나의 중국 원칙에 공감하거나 적어도 이를 정면으로 부정하지 못하던 과거 국민당 지도자들의 입장에서는 점차 중국이 우려하는 하나의 중국과 하나의 대만一中一臺이라는 입장으로 전환되고 있음을 의미하는 것이었다. 즉, 천수이볜 총통은 리덩후이 전 총통이 1997년 7월에 제기했던 '양국론'의 연장선에서 이를 좀 더 구체화하는 동시에 대내외적으로 부각시킴으로써 중국에게 좀 더 당당하게 대응하고 더 나아가 양안 관계의 정치적 측면을 국제화하고자 했다. 사실 중국과 대만의 관계가 '특수한 국가 대 국가'라는 것이 엄연한 법적·역사적 사실이라는 점을 강조한 양국론이 제기되었을 당시 중국은 리덩후이가 제기한 양국론은 양안 관계의 '특수성'을 내세워 민족 분열의 본질을 가리고자 하는 것에 불과하다는 점을 비난하였는데, 이는 대만 출신 정치 지도자들이 갖고 있는 분리주의적 성향을 겨냥한 것이다.

결국 천수이볜은 하나의 중국과 통일의 당위성을 인정한다 하더라도 현실적으로 1949년 이후 대륙과 대만 지역(臺灣 · 澎湖 · 金門 · 馬祖)은 독립된 통치 지역으로 분할되어 있다는 점을 강조하는 '분치分治,' 양국론 등 자주 독립적인 정치 실체로서의 대만에 초점을 맞춘 리덩후이 집권 시기의 주장과 논리의 연장선에서 '일변일국론—邊—國論'[31]을 제기하고, 궁극적으로 하나의 중국과 하나의 대만을 향한 대내외적 분위기를 조성하는 방향으로 대륙 정책과 대외 공세 기조를 설정했다. 특히 천수이볜은 대내적으로 자신의 정치적 기반이 약화되고 국민들의 지지가 하락하는 상황에서 대만의 정체성 회복을 위한 대내외적 강성 조치를 통해 정치적 분위기를 혁신하고, 이를 2004년 총통 선거에 활용하고자 했다.

2. 민진당의 재집권과 대만의 정국 동향

(1) 선거 과정 및 결과

2004년 총통 선거의 가장 중요한 특징은 롄짠 국민당 주석과 쑹추위 친민당 주석이 각각 총통, 부총통 후보로 단일화했다는 점이다. 이는 2000년 선거에서 적전 분열로 인해 천수이벤-뤼쉬롄呂秀蓮 진영에게 어부지리를 안겨주었다는 국민당 지도부의 반성 하에 여전히 막강한 국민당의 인적, 물적 조직력과 동원력 그리고 쑹추위의 대중적 지지를 결합하는 대선 승리 전략이었다. 실제로 국민당과 친민당의 연합 전략은 위력을 발휘하여 롄짠-쑹추위 후보 단일화가 성사된 2003년 4월 이후 7월까지 천수이벤-뤼쉬롄 진영을 15-20% 가까이 앞섰으며, 그 이후에도 격차가 줄어들긴 했지만 11월까지 약 5-8%의 우세를 지켰다.

다음의 표를 통해 알 수 있는 것은 첫째, 국민당과 민진당이 선거 진영을 정비한 2003년 초부터 2003년 12월 중순까지의 여론 조사에서 기간별로 차이가 있음에도 불구하고 롄짠과 쑹추위에 대한 지지가 우세를 유지했다. 둘째, 천수이벤 총통이 대만의 정체성 확립과 국제적 지위 제고를 위한 공세적 발언, '일변일국' 주장의 연장선에 있는 신헌법 제정 등과 관련된 국민 투표 추진 계획 발표, 11월 27일 대만 입법원의 '방어성 국민 투표 법안defensive

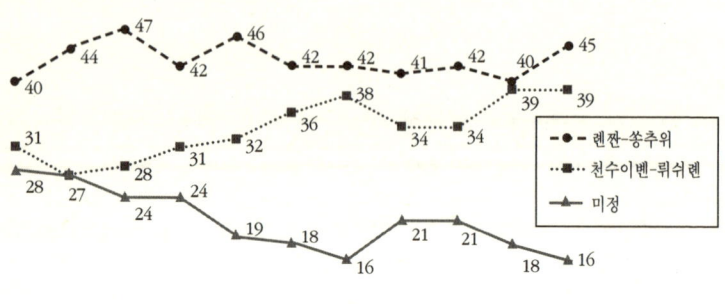

2003년 2월-12월 대만 총통 선거 지지도 변화 추이

(단위: %)

- ● - 렌짠-쑹추위
- ■ - 천수이볜-뤼쉬롄
- ▲ - 미정

40 44 47 42 46 42 42 41 42 40 45
31 28 28 31 32 36 38 34 34 39 39
28 27 24 24 19 18 16 21 21 18 16

월일

2.14   4.18   6.15   8.6   9.18   10.18   11.11   11.18   11.28   12.9   12.12

*대만 연합보 여론 조사 센터 자료를 중심으로 재구성

referendum' [32] 통과 등으로 11월 말부터 12월 초까지의 기간 중 천수이볜은 1%의 근소한 차이로 렌짠을 추격하였다. 셋째, 대만의 정치적 지위 및 양안 관계 등과 관련된 천 총통의 공세적 정책에 대한 미국의 반대 입장 표명, 중국의 군사적 위협과 양안 관계의 긴장 고조에 대한 대만 주민들의 우려로 인해 천수이볜에 대한 지지 상승세가 멈추고 도리어 정치적 안정과 경제적 번영을 담보하는 현상 유지를 주장하는 렌짠의 지지도가 다시 상승하는 경향을 보였다.

렌짠의 이러한 우세는 2004년 초에도 계속되었는데,

이는 천수이볜의 주요 전략이라고 할 수 있는 대만의 정체성 확립과 국제적 지위 강화를 위한 공세적 정책이 일시적으로 대만 출신과 젊은 층의 정서를 자극함으로써 지지율 상승효과를 가져왔지만, 중국의 초강경 대응은 물론 미국 등 국제 여론의 지지를 받지 못함으로써 지속적인 지지율 상승 요인으로 작용하지 못했기 때문이다. 이는 또한 일반 대만 주민들에게는 적어도 당분간 통일과 독립을 거론하지 않는 현상 유지 선호 경향이 보편적이라는 점을 보여 주는 것이기도 하다.[33]

결국 2004년 3월 선거 직전까지 롄잔의 승리가 보편적으로 예상되었으며, 특히 각종 여론 조사에서 타이베이 시 등 선거 승패의 중요 지역에서 롄잔이 천수이볜을 앞섰다. 물론 양 진영의 지지율 격차가 결정적으로 벌어진 것은 아니었고, 선거 막바지에 변화 속의 안정, 안정 속의 변화를 추구하는 대만인들의 복잡한 표심이 어떻게 나타날지 단언하기 어려웠지만 큰 이변이 없는 한 롄잔의 당선이 무난하다는 것이 일반적인 관측이었다. 그러나 선거 결과는 예상과 다르게, 비록 2만 9,518표라는 박빙의 차이지만, 천수이볜의 승리로 나타났다.

(2) 민진당 정부의 대내외 과제

1) 선거 후유증 극복

2004년 선거는 치열한 접전 속에서도 선거 운동 기간 내내 롄쨘의 우세가 이어졌던 상황과는 다르게 천수이볜의 당선이라는 뜻밖의 결과가 나왔다. 그러나 앞서 언급한 바와 같이 천수이볜의 당선은 선거 전날인 3월 19일의 천 총통 저격 사건 등 선거와 직결된 정황과 각종 수치에서 적잖은 문제의 소지를 안고 있었으며, 롄쨘 후보 측은 선거 무효와 재검표를 주장했다. 이처럼 총통 선거 과정과 결과에 대한 공정성 시비와 의혹이 제기되고 국민당 지지자들의 대규모 집회와 과격 시위가 계속되면서 결국 국민당은 사법부에 총통 당선 무효 소송을 제기했으며, 2004년 5월 10-19일의 기간 중 재검표까지 실시했다. 따라서 선거 결과의 번복 여부와 관계없이 일련의 의혹과 이를 둘러싼 여야 간의 대립은 대만 정국의 최대 불안 요인이며, 정치, 사회 전반에 만연된 선거 후유증의 극복은 곧 천수이볜 정부의 최대 과제이다.

2) 대만의 정체성 확립과 국제적 지위 강화

선거 과정에서 빚어진 의혹과 이를 둘러싼 정치권에 대한 불신과 사회적 갈등의 해소가 단기적인 과제라면, 대만의 정체성 확립과 국제 사회에서의 영향력 확대는 천수이볜이 제2기 재임 과정에서 역점을 두어야 할 중장기적 과제이다. 왜냐하면 이는 민진당의 궁극적인 정치적 목표이며, 천수이볜 역시 그 연장선에서 자신의 지지 기반을 확대 재생산해야 하기 때문이다.

이와 관련하여 우선 천수이볜은 대만, 대만인을 강조하면서 점차 '중화민국'과는 구별되는 순수한 대만의 역사와 문화를 강조하는 소위 역사·문화적 정체성을 강조해 나가고자 할 것이다. 이러한 작업은 이미 제1기 재임 시에 시작되었으며, 이러한 대만화 작업의 효율적 추진과 가시적 성과 여부가 천수이볜의 정치적 입지에 적잖은 영향을 미칠 것이다. 실제로 천수이볜은 2004년 5월 20일의 총통 취임사에서 "대만의 자손臺灣之子," "영원한 어머니 대만臺灣我們永遠的母親"등의 표현을 여러 차례 사용했다. 한편 민진당 정부는 대만의 역사를 중국 대륙사의 미미한 일부분이 아닌 독립된 역사로 확립하고 이를 실제 교과 과정에 반영하고 있다.

이처럼 대만의 역사와 문화를 대륙과 일정하게 구분하고 대만의 정체성을 강화하려는 노력은 천수이볜의 제2기 재임 중 더욱 강화될 것이다. 실제로 최근 대만 내에서는 국제 사회에서 중국과 혼동을 빚고 있는 중화민국 Republic of China보다는 '타이완Taiwan'으로 국호를 전환하려는 움직임이 가시화되고 있다.

대만의 역사와 문화에 대한 재인식이 대만의 정체성

확립을 위한 대내적 과정이라고 한다면, 대만의 국제적 지위 강화와 자주 독립적 영역 확대는 대만의 정체성 확립을 위한 대외적 과정이다. 사실 대만의 정체성은 궁극적으로 국제 사회에서 인정받아야만 그 의미가 있을 것이며, 그렇지 않을 경우 하나의 중국 원칙과 일국양제를 거부하고 자신들의 독립적 지위를 강조하는 내부적 움직임으로 비춰질 뿐이다. 따라서 천수이볜 정부로서는 대만의 정체성 확립을 위한 대내외적 전략을 효율적으로 추진해야 하며, 이를 통해 두 번째 임기의 리더십과 정치적 안정을 확보해야만 한다.

문제는 정체성 확립을 위한 대외적 과정이 수교국 확대, 각종 국제 조직 · 기구에서의 역할 증대 등 소위 국제 사회에서의 생존 공간을 확보하고 결국에는 유엔 가입을 통해 자주 독립적 정치 실체로서의 지위를 획득하려는 것이기 때문에 이러한 일련의 과정이 중국에게는 대만의 분리 · 독립운동으로 인식될 수밖에 없다는 것이다. 실제로 중국은 대만이 세계 대다수의 국가와 경제 · 무역 · 문화적 교류를 하고 있고, 이에 대해 이의를 제기하지 않는 상황에서 천수이볜이 제기하는 국제적 생존 공간 요구는 곧 대만의 독립 요구라고 비난하고 있다. 따라서 대외적 차원에서 대만의 정체성 확립을 위한 노력은 필연적으로 중국과의 마찰을 야기할 수밖에 없으며, 그 과정에서 중국과 미국, 대만과 미국 등 삼국의 미묘한 삼각관계가 중요한 변수로 작용할 것이다.[34] 그럼에도 불구하고 이를 위한 다 각적인 노력과 일정한 성과는 천수이볜 정부의 속성상 결 코 포기할 수 없는 작업이다.

3) 양안 관계의 안정적 유지

천수이볜 정부는 대만의 정체성 확립을 위한 대내외적 전 략을 지속적으로 추진할 수밖에 없고 이는 결국 중국과의 크고 작은 마찰과 긴장을 야기할 것이지만, 다른 한편으로 중국과의 양안 관계를 안정적으로 유지해야 하는 모순적 인 과제를 안고 있다. 이는 천수이볜 정부가 처한 최대 딜 레마이며, 적어도 현 단계에서는 대만의 외교적 성과, 특 히 대만의 국제적 지위 강화와 양안 관계의 안정적 발전 이 양립하기는 어렵다.

사실 현 단계에서 양안 관계를 포함한 대만 문제는 하 나의 중국, 하나의 중국과 하나의 대만, 중앙 정부와 지방 정부, 독립적이고 동등한 두 개의 정부 등 민감한 정치적 사안을 둘러싸고 중국과 대만이 대립하고 있는 상황에서 어느 일방도 해결할 능력을 갖고 있지 않다. 또한 대만 문 제와 양안 관계는 앞서 지적한 바와 같이 미국을 중심으 로 한 국제적 요인이 절대적 영향을 미치고 있다. 따라서 중국의 후진타오와 대만의 천수이볜을 불문하고 이를 타 파하기 위한 통일 혹은 독립의 시도는 거의 불가능하다.

대만의 정책적 선택 범위는 더욱 제한적이라는 측면

에서 제2기 천수이벤 정부 출범 이후에도 양안 관계가 급격히 변화할 가능성은 높지 않다. 특히 정치·안보적 대립에도 불구하고 중국과의 비정치·민간 차원의 교류·협력은 이미 인위적인 규제를 통하여 통제하기 어려울 정도로 확대되었으며, 이는 정치·이념적 대립과 간헐적인 군사적 긴장에도 불구하고 기존의 교류·협력을 지속하지 않을 수 없는 가장 중요한 요인이다. 심지어 대륙에 진출한 대만 기업인 대부분은 양안의 안정적인 경제 교류를 위해 불필요하게 중국을 자극하지 말 것을 천수이벤 정부에 요구하고 있다.[35]

물론 중국과 대만의 폭발적인 교류 협력 증대와 현실적인 제약 하에서도 대만인들의 내면에는 대만의 정체성 회복, 즉 중국이 신주 단지 모시듯 하는 '하나의 중국'이라는 원칙으로부터 벗어나고자 하는 욕구가 계속 증대될 것이다. 100년 넘도록 대륙과는 다른 삶을 살아온 대만인들의 입장에서 자신들을 정체불명의 국제 고아로 전락시키고 통일 논리를 앞세워 자신들의 삶을 구속하는 '중화,' '중국'이라는 거창한 허울에서 벗어나 자주 독립적으로 살기를 희망하는 것은 당연한 일이다. 그러나 유감스럽게도 양안 관계의 현실은 이들의 희망이 실현되기에는 적어도 현 단계에서 극복 불가능해 보이는 난관들로 첩첩이 둘러싸여 있으며, 천수이벤 역시 이러한 현실을 직시하면서 양안 관계의 안정적 유지를 도모하지 않을 수 없을 것이다.

　결국 이러한 대내외적 환경 속에서 천수이볜은 선거 의혹, 통일과 독립을 둘러싼 갈등을 해소하기 위한 대내적 화합과 대외적 입지 확대에 주력하되, 단기적으로는 중국이 주장하는 일국양제 방식의 통일이나 무리한 독립을 모두 원하지 않는 대다수 대만인들의 소위 '불통불독' 정서에 편승하는 정책을 추진할 것이다. 이러한 점에서 양안 관계와 관련하여 선거 기간 중 표방했던 민진당의 많은 주장과 정책들이 양안 관계 현실의 틀 속에서 점차 축소 조정될 수밖에 없을 것이다. 다만 중장기적인 측면에서 민주화된 '대만,' '대만인'으로서의 역사, 문화적 정체성을 확립하고 이를 통해 국제적 지위를 강화함으로써 대만식 '보통 국가'를 향한 다양한 움직임은 지속될 것이다. 왜냐하면 이는 대만인들의 바람인 동시에 천수이볜 정부의 존재 이유이기 때문이다. 단적으로 천수이볜은 2004년 10월 10일 중화민국 건국 93주년 기념 연설에서 중국 정부에 대해 군비 통제 협상, 양안 회담, 점진적 삼통 추진을 제의하면서도 "대만은 국토, 국민, 정부를 갖고 있으며, 세계무역기구WTO를 비롯한 국제기구의 회원국이자 세계 15대 무역국"이라는 점을 강조함으로써 유엔 가입을 통한 자주 독립적 지위 확보 의지를 강하게 표명했다. 이는 대만의 대내외적 정체성 확립과 양안 관계의 안정적 유지라는 모순된 과제를 병행 추진할 수밖에 없는 천수이볜 정부의 정치적 부담을 보여 주는 것이다.

3. 후진타오 체제의 대만 정책 기조

후진타오 체제의 대만 정책 기조를 가장 극명하게 보여 주는 것은 2004년 5월 17일 중공 중앙 대만사무판공실과 국무원 대만사무판공실 명의로 발표된 7개 항의 성명胡七點이다. 여기에서 중국은 1) 양안의 대화·담판·협상 재개, 2) 적당한 방식의 양안 간 연계 유지 및 협상을 통한 교류 상의 각종 문제 해결, 3) 전면적 삼통(통상通商, 통항通航, 통우通郵) 실현, 4) 대만의 산업 구조 및 경제 상황을 고려한 경제 협력의 긴밀한 안배와 호리호혜互利互惠 강화, 5) 다양한 인적 교류의 강화, 6) 화해 협력 분위기하에서 대만인들이 추구하는 평화, 사회 안정, 경제 발전 실현, 7) 대만 지구의 국제적 지위 및 그에 상응하는 활동 공간 문제의 협상 등을 제시했다.

이와 함께 중국은 2000년에 천수이벤이 제1기 정권을 출범시키면서 공언한 소위 '사불일몰유四不一沒有,' 즉 1) 대만의 독립을 선포하지 않는다, 2) 국호를 개정하지 않는다, 3) 양국론을 헌법에 명시하지 않는다, 4) 양안의 현상을 변화시키는 '통일, 독립 문제'를 국민 투표에 회부하지 않는다, 5) 국가통일위원회, 국가 통일 강령을 폐지하지 않는다는 약속을 저버렸다고 비난하고, 이러한 제반 문제의 적절한 해결을 통해 중화 민족의 존엄을 공유하자는 점을 강조했다. 이는 후진타오가 천수이볜 정부의 집요한 분리 독립 움직임을 제어하는 동시에, 다른 한편으로 양안 간의 비정치·민간 교류를 부단히 확대함으로써 양안 관계를 '하나의 중국' 원칙 내에 묶어두기 위한 것이다. 즉, 천수 이볜 정부의 노골적인 대만 독립 성향에 대해서는 군사적 위협을 포함해 초강경의 정책을 고수하고 그 이외의 교류 협력에 대해서는 포용적인 정책을 취하고자 하는 이중 전략이며, 이를 대표적으로 보여 주는 것이 반국가분열법과 국민당, 친민당 수뇌부와의 전격적인 회담이다.

(1) 반국가분열법

2005년 3월 4일 후진타오 주석은 제10기 3차 전국정치협 상회의에 참석한 대만 관련 인사를 접견하는 자리에서 '사개결부四個決不'를 강조했는데, 이는 중국의 당·정·군 의 최고 지위를 모두 승계한 후진타오가 대만 문제에 대 해 단호한 의지를 재삼 강조한 것이다. 여기에서 후진타오 는 대만 문제에 있어서 ① 하나의 중국 원칙에 있어 결코 동요하지 않는다, ② 평화 통일을 쟁취하기 위한 노력을 결코 포기하지 않는다, ③ 대만 인민의 염원을 관철하기 위한 방침을 결코 포기하지 않는다, ④ 대만의 독립, 분열

활동과 결코 타협하지 않는다는 점을 역설했다. 또한 후
주석은 3월 13일 전인대 인민해방군 대표 전체 회의에서
군이 '거안사위居安思危' 정신으로 주권 수호, 영토 보존에
대한 군의 역사적 사명을 다할 것을 강조함으로써 간접적
으로 대만 문제에 대한 반국가분열법의 중요성을 암시하
였다.

  반국가분열법을 제정하게 된 배경에는 다음과 같은
점들이 있다. 첫째, 후진타오는 천수이볜 정부 출범 이후
자주 독립국으로서의 '대만 공화국'을 확립하기 위해 대
내외적으로 추진하고 있던 공세적 정책을 억제할 필요성
을 인식했다. 둘째, 미국의 대만 정책 변화 움직임을 차단
할 필요를 느꼈다. 특히 중국은 출범 초기부터 협력보다는
경쟁에 대중 정책의 무게를 두었던 미국이 테러와의 전쟁
을 확대하고 일방주의를 강화하고 해외 주둔 미국의 재배
치와 전략적 유연성을 강조하면서 자국을 압박하는 한편
대만에 대한 무기 판매 확대, 미 의회의 대만 관계법 중시,
미 · 일 안보 협력 논의 과정에서 대만 문제의 비중 확대
등 일련의 비우호적 정책을 취하자 대만 문제에 대해 심
각한 우려를 갖게 되었다. 셋째, 후진타오의 대내적 고려
로서 대만 문제는 중국의 신성불가침의 영역으로 최고 지
도자는 대만 문제 해결을 위한 확고한 입장과 강한 실천
의지를 가져야 하며, 더 나아가 일정한 성과를 창출하여야
한다. 만약 이와 관련된 동요나 무능함을 보일 경우 그의

정치적 지위에 부정적 영향을 미치게 된다. 따라서 후진타오는 대만 문제에 관해 확고한 의지와 새로운 정책 방향을 제시할 필요가 있었다.

한편 반국가분열법은 총 9조로 구성되어 있으며, 법안의 핵심은 대만 문제가 중국의 내전으로 인해 야기된 내정 문제라는 전제하에 ① 대만의 독립 추진 세력에 의한 분열 행위, ② 대만의 분열을 초래하는 중대 사건 발생, ③ 평화 통일 조건의 완전 소멸 시 국가 주권과 영토 보전을 위해 비평화적 방식과 필요한 조치를 취할 수 있다고 명시함으로써 대만에 대한 무력행사를 합법화한 것이다. 여기에서 명시한 비평화적 방식의 동원이 가능한 상황은 대만 당국이 독립을 위한 헌법 개정 혹은 국민 투표 실시, 국기·국명의 변경, 일방적인 대만 독립 선언, 외국 세력의 대만 침략·점령 혹은 대만 내 군대 주둔, 대만에 중대한 정치·경제·사회적 소요 발생, 대만의 대량 살상 무기 개발 혹은 구매, 양안 간 통일 문제의 지나친 지체過時, 대만군의 양안 군사 분계선 침범 및 군사 도발, 대만을 조국에서 분리시키려는 사건 발생 등이다.

중국의 헌법 제62조 14항은 전인대가 "전쟁과 평화의 문제에 대한 결정" 권한을 갖는다고 규정하고, 제80조는 "국가 주석이 전인대와 전인대 상무위원회의 결정에 따라 전쟁 상태를 선포하고 동원령을 발령할 수 있다"라고 규정하고 있는데, 반국가분열법안은 대만 문제와 관련된 긴급 사태 발생 시 국무원과 중앙군사위가 먼저 무력 동원을 비롯해 필요한 조치를 취한 뒤 전인대 상무위원회에 사후 보고하도록 했다. 물론 중국은 반국가분열법의 적용 대상을 "대만 독립 세력"으로 한정하고 무력 동원 대신 비평화적 방식이라는 표현을 썼으며 "비평화적 방식 동원 시 대만 주민과 대만 내 외국인의 생명과 재산을 보호할 것"이라고 밝힘으로써 대만의 독립을 추진하는 소위 대독분자臺獨分子와 대만의 일반 주민, 외부의 독립 지원 세력과 일반 국제 사회를 각각 구분하였다.

중국의 반국가분열법 통과 이후 대만 내에서는 연일 반중국 시위가 이어졌으며, 천수이볜 정부와 민진당, 급진적인 독립 추진 세력인 대만단결연맹은 "인민해방군의 대만 공격을 합법화하기 위한 백지 수표 식 전쟁 수권 법안"이라고 맹비난하고, 시에창팅謝長廷 대만 행정원장은 2005년 2월 8일 반국가분열법에 대해 헌법 개정, 별도의 국가 선언 등 정면 대응하겠다는 의사를 표명하기도 했다. 또한 치우타이산邱太三 대륙위원회 부주임은 양안 문제에 대한 중국의 비평화적 방식과 호전성에 대항하여 대만의 인권, 민주, 자유를 수호해야 한다는 점을 강조했다. 특히 리덩후이 전 총통은 중국 내부의 소수 호전 집단의 대만 침략 및 병합 의도를 노골적으로 드러낸 것이라고 주장하기도 했다.

대만의 이러한 반발에 대해 원자바오 총리는 3월 14일의 기자회견에서 반국가분열법은 대만 인민을 겨냥하지 않으며, '전쟁법'이 아니라 오히려 양안 관계를 강화하는 법이라고 설명했다. 즉, 원 총리는 이 법안의 목적이 대만 독립 추진 세력을 제재하기 위한 것이며, 이들을 제재해야 만 대만해협에 평화 정착이 가능하고, 이는 결국 대만 기업인 및 외국인 투자자들의 대륙 투자를 증진시킨다는 논리를 피력했다. 또한 이러한 논리를 뒷받침하는 차원에서 중국은 양안 간 전세기의 상시화, 대만 남부 농산품의 대륙 판매, 대륙 어민의 대만 노무 송출 문제 등을 조속히 해결하여 대만 민중의 권익을 보호할 것임을 강조했다. 물론 반국가분열법에 대한 중국의 주장과 해석에 모순이 있다하더라도 중국이 양안 관계의 악화, 특히 인적 교류, 경제 교류의 경색을 원치 않는 것은 분명하며, 대만 정부 역시 외형상의 심한 반발에도 불구하고 양안 관계의 급격한 후퇴나 침체를 원치 않는다.

한편 미국은 반국가분열법 제정이 최근 양안의 대화 추세를 거스르는 불행한 일이라고 논평하고, 이는 결국 양안 관계 발전에 도움이 되지 않으며, 중국이 대만 문제를 평화적 수단이 아닌 방법으로 해결하려 할 경우 이 지역의 평화 안보를 위협할 수 있음을 강조했다. 그러나 중국이 이 법안을 제정한 주요 목적의 하나가 대만에 대한 안보 지원과 무기 판매 등을 규정하고 있는 미국의 대만 관계법에 대응하기 위해서라는 점에서 중국은 반국가분열법 제정을 재고해 달라는 미국의 요청을 단호히 거부했다.

(2) 국공 회담, 친공 회담

중국이 대만의 독립 움직임에 대한 무력 사용을 합법화하는 반국가분열법 제정으로 긴장 국면이 고조되던 양안 관계는 롄짠 국민당 주석의 중국 방문과 후진타오 주석과의 '국공 회담國共會談'이 전격적으로 이루어지면서 전혀 반대의 국면으로 접어들었다. 이는 앞서 언급한 바와 같이 갈등과 협력이 미묘하게 병존하는 양안 관계의 이중적 특성을 보여 주는 것이다. 1924년의 제1차 국공 합작은 당시 중국의 각 지역을 실질적으로 분할 지배하고 있던 군벌의 타도가 주요 목적이었고, 1937년의 제2차 국공 합작은 일제의 중국 침략을 타도하기 위한 항일이 합작의 목표였다. 1945년 8월 국민당과 공산당의 수뇌부가 충칭重慶에서 회동한 이후 60년 만에 이루어진 롄짠과 후진타오의 이번 베이징 회담은 양안 관계의 평화와 중화 민족의 공동 번영을 명분으로 내세우고 있다. 이러한 점에서 국민당은 롄짠 주석의 대륙 방문을 "평화의 여정和平之旅"이라고 표현했다.

당시 국공 회담에 대한 주 관심은, 과연 이를 계기로 국민당과 중국 공산당의 제3차 국공 합작이 본격화될 수 있을 것인가, 아니면 서로의 입지 강화를 위한 단발성의 정치적 쇼로 끝날 것인가, 결과적으로 양안 및 주변 국가의 평화와 번영에 득이 될 것인가 실이 될 것인가 하는 것이었다. 특히 통일과 독립을 둘러싸고 끊임없는 갈등을 겪고 있는 중국과 대만, 그리고 양안 관계에 직간접으로 간여하고 있는 미국, 일본과의 관계, 더 나아가 동북아 정세에 어떠한 영향을 미치게 될 것인지를 주목했다.

1) 국공 회담의 배경

1949년 장제스 국민당 정부가 대만으로 패퇴한 이후 이들은 중국 공산당과의 잘못된 합작이 결정적으로 자신들을 궁지로 내몰았다는 피해 의식을 갖고 있었다. 즉, 공산당의 통일 전선 계략에 속아서 공산당에게 힘을 배가할 기회를 준 반면 자신들은 힘을 소진했으며, 결과적으로 대륙을 내주게 되었다는 것이다. 따라서 어떠한 경우에도 공산당과는 접촉, 담판, 타협을 하지 않는다는 소위 '삼불 정책三不政策'을 고수해 왔으며, 이러한 입장은 국민당 집권 시기로부터 현 민진당 정부에 이르기까지 유지되고 있다. 1979년 1월 1일 "대만 동포에게 고하는 글"을 통해 양안의 접촉과 교류의 확대를 제의한 이래 중국이 제기한 수많은 건의 및 국민당과 공산당의 제3차 합작 요구에 대해 대만이 무시 내지는 묵묵부답으로 일관했던 것도 삼불 정책에 따른 것이었다. 뼈아픈 실수를 더 이상 반복할 수 없다는 국민당 정부의 결심이 고집스럽게 이어진 것이다.

그러나 시대는 변했고 국민당도 이미 과거의 국민당이 아니다. 즉, 더 이상 대륙을 호령했던 국민당이 아닌 것은 물론 장제스, 장징궈 부자, 리덩후이로 이어졌던 대만의 절대적인 집권당도 아니다. 냉정하게 말하면, 국민당은 지구상에 오직 하나뿐인 중국의 불가분의 일부분으로 인식되는 '국가 아닌 국가' 대만의 야당이다. 뿐만 아니라 국민당을 구성하고 있는 당원의 절대 다수는 이미 대륙 출신의 외성인外省人이 아닌 대만 출신의 본성인本省人이며, 그들의 가치관 역시 더 이상 대륙 지향적이지 않다.

특히 2000년과 2004년 총통 선거에서 롄잔 후보가 공교롭게도 그의 이름처럼 연전연패한 이후 국민당은 더욱더 곤경에 처하게 되었다. 결국 거대하지만 노쇠한, 외형상 대륙을 지향한다지만 내면은 이미 대만화된 국민당의 무기력증을 치유하고, 적어도 대만에서나마 재집권 기회를 만들어야 하는 책임이 롄잔에게 주어진 것이다. 국민당의 이러한 상황은 롄잔의 대륙 방문을 부추긴 결정적인 요인이다. 즉, 롄잔으로서는 대만인들의 절대 다수가 양안의 급격한 독립 혹은 통일보다는 평화와 번영의 현상 유지를 희구한다는 점에 주목하여, 민진당의 분리주의적 성향은 양안의 긴장과 경제 교류의 퇴보를 초래하는 반면 자신들의 현상 유지 정책은 양안의 평화와 번영을 가져다 줄 것이라는 점을 부각시키고자 한 것이다. 이처럼 롄잔은 자신들이 양안의 통일을 주장하지는 않지만 적어도 독립을 배제하면서 하나의 중국 원칙 내에서 공존하고 실질적인 정치 실체로 인정받음으로써 국민당을 평화, 안정, 번영의 주체로 자리 매김하고자 했다.

한편 중국의 입장에서 국가와 민족 차원의 과제인 대만 문제는 극히 중요한 사안이며, 최소한 기존의 원칙과 성과를 수호함은 물론 점증하는 대만 내의 독립 분위기와 대만 문제의 국제화 추세를 제어하지 않으면 안 되었다. 후진타오 역시 이를 잘 인식하고 있으며, 그로서는 일단 대만 정책의 초석인 하나의 중국 원칙과 '일국양제' 방침을 고수하면서 그동안 대만에 제시했던 각종 원칙과 제안, 2004년 총통 선거 이후 대만의 정국 상황, 양안 관계의 대외적 환경 변화 등을 종합적으로 고려하여 보다 현실적이고 진전된 형태의 원칙과 방침을 설정해야 했다. 롄짠의 초청과 국공 회담 역시 이러한 전략적 구상에서 이루어진 것이다. 특히 후진타오는 천수이볜이 집권 2기에 접어들면서 중국이 아닌 대만, 중국인이 아닌 대만인으로서의 역사 · 문화적 정체성 확립 필요성을 더욱 강조하고, 심지어 중화민국이라는 기존 국호마저 개정하려는 내부 움직임을 더 이상 좌시할 수 없는 입장이었다. 동시에 천수이볜이 주력하는 소위 국제 사회의 생존 공간 확대 정책과 미국의 묵인과 동조 하에 추진되는 대만 문제의 국제화 추세를 방치할 수도 없었다. 따라서 후진타오에게 있어 적어도 대만의 독립을 운운하지 않고 여전히 중국, 중국인의 정체성을 고수하는 국민당 최고 실력자와의 베이징 회담을 통해 다 같은 중국인임을 의미하는 "염황자손炎黃子孫"을 역설하고 독립이 아닌 통일 염원을 합창하는 것은 아주 매력적인 카드로 비춰졌다.

2) 국공 회담 성과

홍콩과 국부 쑨원孫文의 묘가 있는 난징南京을 거쳐 베이징을 방문한 렌짠 주석은 2005년 4월 29일 베이징 대학교 연설을 통해 중화 민족의 위대함을 찬양하는 동시에 민족의 태평성대를 위한 양안의 대화 · 화해 · 협력을 강조함으로써 자신은 천수이볜, 리덩후이 같은 분리주의자가 아님을 확실하게 부각시켰다. 한편 베이징대 측은 그 대학 졸업생인 렌짠의 모친 짜오란쿤趙蘭坤의 1930년 당시 학적부 복제본을 선물했으며, 그녀가 재학 시 묵었던 기숙사를 참관토록 했다.[36]

이처럼 중국인으로서의 마음가짐을 새롭게 한 상태에서 렌짠은 후진타오와 회담을 가졌고, 양안의 ① 대등한 대화 · 협상 재개, ② 적대 관계 청산과 군사적 신뢰 구축, ③ 전면적 경제 협력 추진, ④ 대만의 국제 활동 확대 촉진, ⑤ 당 대 당의 정기적 접촉 추진 등 5개 항에 달하는 합의를 이루었다. 물론 이러한 합의는 국민당이 집권당이 아니라는 점에서 효력상의 한계가 있으며, 중국도 이를 의식해 합의 내용을 '신문 공보press communique' 형식으로 발표했다.

이들 합의 사항을 살펴보면, 우선 양안의 대화와 협상 재개 문제는 준정부 기구인 중국의 해협회海協會와 대만의 해기회海基會 대표가 장쩌민과 리덩후이의 대리인 자격으로 싱가포르에서 만났던 1992년 '왕꾸 회담王辜會談'의 연장선에서 정식 협상을 추진하자는 것이다. 특히 왕꾸 회담에서 공감했던 사항, 즉 하나의 중국 원칙을 상호 인정하되 중국의 표기는 각자의 방식으로 한다는 소위 '일중각표一中各表'를 기초로 양안 주민의 복지 증진과 양안 관계의 건실한 발전을 도모하기 위한 협상을 조속히 재개해야 한다는 점에 합의했다. 한편 양안의 평화적·안정적 발전 필요성에 주목하여 적대 상태를 공식 종결하고 무력 충돌 방지와 군사적 신뢰 구축을 포함하는 안보 기제를 구축한다는 점에 합의했다. 또한 양안의 전면적인 경제 협력 확대에 합의했는데, 구체적으로 선박·항공기의 직항을 의미하는 삼통의 전면 추진, 통상·투자의 확대와 보장, 대만 농산품의 중국 판매를 포함한 농어업 협력 등이 거론되었고, 더 나아가 양안의 협상이 재개될 경우 우선적으로 '공동 시장' 문제를 협의한다는 점을 강조했다. 이와 함께 양안의 협상이 재개된 이후 대만의 세계보건기구WHO 가입 문제를 포함해 대만의 국제 활동 참여 확대 문제를 논의하고 해결 방안을 모색한다는 데 합의했으며, 마지막으로 국민당과 공산당의 정기적인 접촉 기반을 구축하여 다양한 논의를 추진한다는 점을 강조했다.

결국 후진타오와 롄짠이 회담에서 합의한 내용은 하나의 중국을 전제로 한 양안의 평화 정착과 공동 번영을 위한 상호 협력으로 집약할 수 있다. 물론 정부 간 공식 회담이 아닌 상황에서 합의된 내용의 실천은 분명한 한계가 있고, 특히 중국은 경제 공동 시장 구축, 대만의 국제적 생존 공간 확대 등 민감한 현안의 경우 구체적인 논의를 "양안의 공식 협상 재개 이후"로 못 박았다. 그 이유는 야당 당수와의 만남에서 구체적인 약속을 하기도 어려울 뿐만 아니라 중국이 지금까지 그래 왔듯이 하나의 중국을 전제로 대만이 협상 테이블로 나올 경우 모든 것을 논의할 수 있다는 방침을 고수하기 위한 전략적 판단에 따른 것이다.

(3) 양안 관계 전망

롄짠이 양안의 평화와 번영이라는 명분을 내세웠지만, 60년 만의 국공 회담을 위한 그의 대륙 행은 다분히 천수이벤의 민진당 정부를 제압하고 국민당과 자신의 정치적 재기를 노린 철저한 전략적 행동이었다. 또한 이 빠진 호랑이 격인 국민당, 더욱이 국민당 내의 지지도 확신하기 어렵고, 따라서 차기 총통 후보로 나설 수 있을 지도 매우 불투명한 롄짠을 불러들인 후진타오 역시 고도의 정치적 판단을 바탕에 깔고 있었다. 이처럼 서로의 필요에 의해 이루어진 전략적 만남은 양안 관계에 일정한 영향을 미칠 것이다.

우선 양안의 평화와 관련하여 이번 국공 회담은 적어도 단기적으로는 긍정적인 영향을 미칠 것으로 전망된다. 롄짠이 대륙 방문을 하면서 가장 강조했던 것은 양안의 평화 증진이며, 따라서 후진타오로서도 롄짠의 체면을 세워 줘야 했다. 사실 공동 합의문에 적대 관계의 종식과 군사적 신뢰 증진을 명시함으로써 불과 얼마 전 중국이 무력 수단의 동원을 합법화하면서 고조된 양안의 긴장 국면을 해소하는 데 긍정적으로 작용할 것이다. 특히 최근 논의되고 있는 것처럼 대만 정부가 대륙에 인접한 최전선인 진먼다오金門島 병력을 감축하고 그에 부응해 중국이 대만을 겨냥한 무기와 병력을 삭감할 경우 양안의 군사적 신뢰가 빠르게 증진될 수 있다. 문제는 중국이 대만에 대한 무력 사용 가능성을 포기하지 않는 핵심적 이유가 대만의 독립을 제어하려는 것이기 때문에 양안 간 군사적 신뢰 증진의 대전제는 어떠한 경우에도 대만이 독립을 추구하지 않아야 한다는 것이다. 그렇지 않으면 애써 쌓은 양안의 평화적 분위기는 한순간에 물거품이 될 수 있다. 이러한 점에서 천수이볜의 민진당 정부와 그를 지지하며 '대만 공화국 Republic of Taiwan'을 꿈꾸는 수많은 '대만인'들이 독립을 포기할 수 있는가 하는 것이 관건이다.

둘째, 국공 회담의 핵심 의제이자 향후 양안 관계에

긍정적인 결과를 가져올 가능성이 가장 높은 분야는 역시 경제 교류와 관련된 부분이다. 사실 경제 교류를 중심으로 한 양안의 비정치·민간 차원의 교류 협력은 이미 1980년 대 말 이후 급속히 확대되었으며, 지금은 인위적 규제로는 통제하기 어려울 정도에 이르렀다. 앞으로도 양안의 교류 협력 확대는 중국, 대만 모두에게 절실히 요구되는 사항이 며, 어느 면에서는 양안 관계의 정치·안보적 불안을 보완 해 주는 불가결한 기능을 하고 있다. 특히 대만의 경우, 민 진당 정권 출범 이후 지속되고 있는 경기 침체와 실업률 증가는 천수이볜에게 큰 정치적 부담이며, 대륙과의 경제 협력 확대 이외에 별다른 대안을 찾기도 어려운 상황이다. 심지어 대륙에 진출한 수십만 대만 기업인들은 양안의 안 정적인 경제 교류를 위해 불필요하게 중국을 자극하지 말 것을 천수이볜에게 요구할 정도이다.

이러한 요구를 잘 파악하고 있는 후진타오와 롄쫜으 로서는 자신들의 만남을 통해 양안의 획기적인 경제 교류 의 틀을 마련하고자 했고, 일단은 상당한 성과를 거두었 다. 특히 대만 기업들에 대한 투자 보장, 경제 교류에서 소 외되었던 대만 농어민들에 대한 배려와 장기적인 과제로 서 경제 공동 시장 건설 필요성 등을 합의한 것은 향후 양 안 간 경제 교류의 안정적 발전에 긍정적으로 작용할 것 이다. 일례로 국공 회담 이후 중국 공산당과 국민당 기층 조직 간에 다양한 차원의 교류가 이루어지고 있으며, 이러한 교류 협력의 상당 부분은 경제, 문화, 관광 부문의 협력 증진에 중점을 두고 있다.

셋째, 민진당 정부의 최대 관심사이자 대다수 대만인들의 염원인 국제적 지위 강화 및 활동 영역 확대는 중국이 예의상 다소의 배려를 할 수는 있겠지만 큰 성과를 기대하기 어려울 것으로 보인다. 즉, 세계보건기구의 옵서버 회원 자격 부여 등 철저히 비정치적, 인도적 차원의 국제기구 및 활동에 제한적으로 참여하는 것을 허용할 수는 있겠지만, 이 역시 민진당 정부의 향후 태도를 보아가며 신중히 결정할 것이다. 왜냐하면 대만의 국제적 지위 강화 움직임과 관련해서 중국이 깊은 불신을 갖고 있기 때문이다. 사실 리덩후이 총통 시기부터 대만은 매년 유엔 가입을 신청하는 등 공세적인 외교를 통해 자신들의 국제 사회 진출을 적극 도모해 왔다. 물론 대부분의 시도가 중국의 철저한 견제로 인해 소기의 성과를 얻지는 못했지만, 적어도 주권·영토·국민을 가진 대만이 번듯하게 살아 있다는 것을 국제 사회에 환기시키는 효과를 거두었다. 이에 대해 중국은 대만이 국제 사회에 '양국론,' '일변일국론' 등 하나의 중국 원칙에 역행하는 논리를 유포하고 대만 문제를 국제화하려 한다며 강한 불만을 제기했다. 특히 중국은 대만이 요구하는 국제 사회에서의 활동 공간이 곧 독립 국가로서의 공간을 의미한다고 보고, 그것을 일고의 가치도 없다고 일축했다. 즉, 이미 수많은 국가들과 민간,

준정부 차원의 관계를 맺고 잘 살고 있는 대만이 새삼스럽게 국제적 생존 공간을 운운하는 것은 의심의 여지없이 독립국가 건설을 위한 의도를 내포하고 있다는 것이다.

마지막으로 롄짠의 대륙 방문과 국공 회담이 대만의 정치권 및 여론에 미칠 영향을 검토할 필요가 있다. 우선 민진당 정부와 국민당과의 갈등을 중심으로 한 정치권의 대립과 반목이 불가피할 것으로 보인다. 사실 그동안 국민당으로부터 정권 흔들기에 시달려 온 천수이볜 총통의 입장에서 2005년 3월 이후 장빙쿤江丙坤, 롄짠과 쑹추위로 이어진 야당 수뇌부의 중국행과 다양한 합의는 그 한계에도 불구하고 자칫하면 양안 관계의 주도권을 상실할 수 있다는 우려를 할 수밖에 없다. 특히 천 총통은 더 이상 중화, 중국에 연연하지 않고 대만으로서의 정체성을 확립하고 이를 통해 정치적 기반을 강화하려던 참이었다. 따라서 천 총통은 롄짠의 중국행을 반대했고 중국과의 어떠한 합의도 무효라는 점을 역설했다. 물론 천 총통은 미국의 지지 입장에 따라 롄짠의 중국 방문을 정면으로 저지하지는 않았지만 내심 불편할 수밖에 없었다. 민진당과 국민당, 친민당과의 갈등 이외에도 대만의 독립을 노골적으로 추구하는 리덩후이 전 총통의 대만단결연맹臺聯과 국민당의 대립이 고조될 가능성도 높다. 이들은 롄짠과 쑹추위의 대륙 방문을 강도 높게 비난해 왔는데, 예를 들어 리덩후이 전 총통은 롄짠과 쑹추위의 중국 방문이 대만의 내부 분열을 야기함으로써 향후 대만이 주권, 민주, 자유의 위기에 직면할 것임을 강조하고 있다. 그는 또 천수이볜 총통의 미온적인 태도에 불만을 토로하면서 지난 12년간 자신이 추진해 온 민주개혁을 이어받아 천 총통이 대만의 '정명正名'과 새로운 헌법 제정에 매진할 것을 강력히 요구하고 있다.

이처럼 롄잔과 쑹추위의 대륙 방문 이후 대만 정가는 중화, 중국을 내세우는 '대륙파'와 대만의 자손으로서 대만의 자주 독립국임을 강조하고 정체불명의 국제 고아 신세를 벗어나려는 '자주 독립파' 간의 설전으로 혼란스러운 양상을 보이고 있다. 그러나 이를 대만 전체의 분위기로 확대 해석할 필요는 없으며, 우리가 늘 경험하듯 정치인들이 앞 다투어 말하는 국가, 민족, 통일, 자주 등은 대부분의 경우 자신들의 정치적 득실을 고려한 계산적 발언이다. 따라서 대만 정국의 대립 양상이 그대로 대만 사회 전체의 갈등으로 확산되지는 않을 것이다. 실제로 대만인들의 절대 다수가 원하는 것은 지금 당장의 독립도 아니요 통일도 아니다. 다만 평화로운 환경 속에서 양안을 오가며 경제적 풍요를 도모하고, 가능하다면 국제 사회로부터도 국가와 국민 대접을 받고 싶은 것이다.

이러한 점을 고려할 때, 롄잔과 후진타오의 '국공 회담'은 대만 정국의 소란스러움과 관계없이 양안 간 평화·번영의 촉진 요인으로 작용할 것이다. 실제로 대만의 각종 여론 조사에서 국공 회담에 대한 긍정적 평가가 약

50-60%에 달했기 때문에 정치권 역시 이를 주목하지 않을 수 없을 것이다. 문제는 양안 관계가 쌍방 지도자 간의 몇 차례 만남을 통해서 획기적인 돌파구가 마련될 관계는 아니며, 따라서 당ㆍ정ㆍ군 삼권을 승계한 중국의 후진타오와 대만의 천수이볜 정부를 불문하고 이러한 현상을 타파하기 위한 통일 혹은 독립의 시도는 거의 불가능하다는 것이다. 따라서 말뿐이 아닌 양안의 진정한 평화와 번영을 향한 중국과 대만 정치 지도자들의 부단한 노력과 자국의 패권적 이익에 함몰되어 양안 관계의 실질적 조정자가 되려는 미국의 전략적 의도가 변하지 않는 한 대만해협의 격랑은 결코 사라지지 않을 것이다.

이러한 상황에서 후진타오 체제의 대만 정책은 다음과 같은 방향에서 추진될 것이다. 첫째, 하나의 중국, 일국양제를 고수하는 동시에 무력 사용 가능성을 지속적으로 유보할 것이다. 따라서 중국으로서는 "중국은 오직 하나이며 대만은 중국의 불가분의 일부분"이라는 하나의 중국 원칙을 대만 문제 해결의 불변의 철칙으로 고수하는 한편, 대만이 제기하는 소위 양국론, 일변일국론 등을 철저히 봉쇄하고자 할 것이다.

둘째, 양안 관계 발전의 원동력인 비정치ㆍ민간 차원의 교류 협력을 지속적으로 확대할 것이다. 중국과 대만의 정치ㆍ안보적 대립과 무관하게 경제 분야를 중심으로 한 양안의 비정치ㆍ민간 차원의 교류 협력은 꾸준히 확대되어 왔다. 특히 양안의 경제 협력은 중국과 대만 모두에게 불가결한 요인이 되었으며, 이는 정치적 대립과 간헐적인 군사적 긴장에도 불구하고 쌍방이 경제 협력을 지속하지 않을 수 없는 가장 중요한 요인이다. 따라서 중국은 양안 경제·사회·문화 교류의 확대를 지속적으로 추진하고자 할 것이며, 이를 통해 독립을 주장하는 대만 내의 여론 확산을 억제하고자 할 것이다.

셋째, 대만 문제의 국제화와 국제 사회에서의 소위 '생존 공간' 확보를 위한 대만의 외교 공세를 차단하는 데 주력하고자 할 것이다. 특히 천수이볜의 제2임기 중 신헌법 제정 등 자주 독립적 지위 획득을 위한 대만의 시도가 강화될 가능성에 대비하고자 할 것이다. 사실 중국은 천수이볜 총통이 2004년 5월 20일에 있었던 제2기 총통 취임 연설에서 비록 극단적인 독립 주장을 자제하고 신헌법 제정보다는 기존의 비현실적 헌정 질서와 제도를 개선한다는 선에서 공세의 강도를 하향 조정했지만, 자주 독립적 정치 실체로서 인정받고 국제 사회에서 생존 공간을 확보하기 위한 대만의 대내외 공세가 계속될 수밖에 없다는 점을 우려하고 있다. 실제로 천수이볜은 대만, 대만인을 강조하면서 점차 중화민국과 구별되는 대만의 순수한 역사와 문화를 강조하는 소위 역사적, 문화적 정체성을 강조해 나가고자 할 것이다. 이러한 대만화 작업의 효율적 추진과 가시적 성과 여부가 천수이볜의 향후 정치적 입지에 적잖은 영향을 미칠 것이다.

결국 중국은 일단 대만 정책의 초석이자 불변의 철칙으로서 하나의 중국 원칙과 일국양제 방침을 고수하고 양안 관계는 물론 대미 관계 등에서 대만 문제에 대한 주도권을 장악하는 데 주력할 것이다. 또한 그동안 대만에 대해 제시했던 각종 원칙과 제안, 선거 이후 대만의 정국 상황을 포함한 대내외 정세 변화를 종합적으로 고려하여 보다 현실적이고 진전된 형태의 방침을 설정하고자 할 것이다. 이는 제2기 천수이볜 정부 출범 이후 지금까지 대만에 대한 위협과 설득의 양면 전략을 구사하면서 대만의 정국 동향을 예의 주시하되, 분리주의적 경향에 대해서는 군사적 조치를 포함한 고도의 압박을 가한다는 전략적 판단에 기초하고 있다. 다만 중국은 대만보다도 오히려 중국식의 양안 통일을 방지防統하는 동시에 대만이 추구하는 독립을 억제하는抑獨 전략적 모호성을 정책 기조로 고수하고 있는 미국과의 싸움에 더 많은 힘을 소진할 가능성이 높다. 결국 중국의 정책적 선택 폭은 극히 제한되어 있으며, 이는 후진타오가 대만에 대한 위협과 설득의 양면 전략을 구사하면서 장쩌민이 주장했던 것처럼 대만 문제를 예의 주시하고認眞觀察, 인내를 갖고 기다리며耐心等待, 서두르지 않으면서不急不躁, 고도의 압박을 유지保持高壓할 수밖에 없는 이유이다.

4. 중국의 한반도 전략과
한·중, 북·중 관계

한반도 주변 정세가 변화의 전기를 맞이할 때마다 한반도 문제와 관련된 모든 국가들은 촉각을 곤두세우고 자국의 이해득실을 계산하기에 분주하다. 그중에서도 한반도 문제에 관한 한 누구에게도 뒤지지 않는 영향력을 갖고 있다고 인식하는 중국은 한반도 문제의 변화 과정에서 자국의 역할과 지분을 확보하기 위한 전략을 모색하고 있다. 중국의 이러한 전략적 모색은 그들의 독자적 대외 인식에 바탕을 두고 있다. 중국은 소련과 동구의 사회주의 체제가 해체된 지 15년이 지난 현시점에서도 국제 질서의 태평성대가 도래하지 않았으며, 오히려 그동안 억제되어 온 크고 작은 민족·종교·영토 분규가 국제 질서의 대립·갈등 국면을 더욱 심화시킬 가능성이 높다는 인식을 갖고 있다.

물론 중국이 제기하는 이러한 주장의 저변에는 미국

의 패권주의와 일방주의 견제, 대외적 영향력 제고 등 자국의 정치·경제·안보적 이해관계에 대한 전략적 고려를 담고 있다. 즉, 중국은 그들의 독자적 프리즘을 통해 새로운 천년에 접어든 국제 질서를 조망하고 있다. 그러나 중국의 대외 인식과 그 연장선에 있는 대외 전략과 정책은 그 객관성 여부를 떠나서 그 자체가 중요한 의미를 갖는다. 왜냐하면 주요 사안에 대한 중국의 고유한 인식을 정확히 이해하지 않은 채 그와 관련된 중국의 정책 방향을 검토하다 보면 분석자의 자기 희망적 예측을 면하기 어렵기 때문이다.

한반도의 평화와 발전에 대해서도 중국은 예외 없이 그들의 독자적이고 고유한 관점을 통해 바라보며, 모든 정책은 그 연장선에 있다. 따라서 중국의 한반도 정책을 분석하고 대응 방안을 강구하는 작업의 시발점은 중국의 기본 인식과 전략적 구도를 그들의 입장에서 심도 있게 이해하는 것이다. 이러한 간단한 논리와 당위성에도 불구하고 그동안 우리는 중국의 입장을 지나치게 주관적으로 해석하고, 심지어 우리가 설정한 정책 목표와 방향에 중국의 입장을 꿰어 맞추려는 우를 범하기도 했다. 현실적으로 한반도 문제에 대한 소위 '중국의 역할과 영향력'을 무시할 수 없는 상황에서 이에 대한 관심과 기대가 증대되는 것은 자연스러운 일이자 불가피한 일이기도 하다. 문제는 중국의 역할에 대한 막연한 기대와 자의적 해석이 문제를 더욱 그르칠 수 있다는 점이다.

한반도 문제와 관련된 중국의 역할은 베이징 6자 회담을 비롯한 북한 핵 문제 논의 과정에서 확인했듯이 결코 다른 국가가 강제할 수 있는 성질의 것이 아니고, 중국 스스로 자국의 정치·경제·안보적 이해관계를 철저히 고려하여 적절한 역할의 범위와 수준을 결정할 것이다. 더욱이 후진타오를 핵심으로 한 중국의 제4세대 지도부의 대외 인식, 특히 한반도에 대한 인식은 과거와 많은 차이를 보인다. 따라서 우리의 주관적 관점에서 중국을 바라보아서는 안 되며, 한반도 문제에 대한 그들의 기본 인식과 정책 기조를 객관적으로 분석하고 이를 바탕으로 향후 남북한 관계 개선, 한반도 평화 체제 구축, 통일에 이르는 과정에서 중국의 건설적 역할을 자연스럽게 이끌어 내야 한다.

이 장은 바로 이러한 문제의식에서 출발하여 첫째, 한반도의 평화와 번영에 대한 중국의 기본 인식과 정책 기조를 검토하고, 둘째, 한·중 관계와 북·중 관계의 과거·현재·미래를 분석·조망하며, 셋째, 북한 핵 문제, 환경 문제 등 주요 현안에 대한 중국의 정책 방향을 분석하고자 한다.

1. 한반도 전략과 정책 기조

(1) 동북아 전략과 한반도

중국의 한반도 정책은 그들의 동북아 전략과 불가분의 관계를 가지며, 따라서 중국의 한반도 정책을 이해하기 위해서는 우선 중국이 의도하는 동북아 지역의 새로운 국제 질서 및 이를 실현하기 위한 정책 기조, 그 과정에서 한반도가 갖는 의미 등을 검토하여야 한다. 중국은 기본적으로 동북아 지역이 기존의 국제 질서와 새로운 국제 질서가 병존하는 과도기적 상황에 처해 있다는 인식을 갖고 있다. 따라서 중국은 역내 국가들의 교류 · 협력 증진을 통해 과도기적 상황을 종결하는 동시에 공정하고 합리적인 동북아 신 국제 질서를 확립하여야 한다는 점을 강조하여 왔다. 이와 관련하여 중국은 자국의 정치 · 경제 · 안보상의 이익을 극대화할 수 있는 동북아 신 국제 질서의 확립, 한반도의 평화와 안정 유지, 전 세계를 범위로 한 전방위 외교 추진의 거점 확보 등을 동북아 전략 목표로 설정하고 있다.

우선 중국은 동북아 신 국제 질서 확립과 관련하여 자국의 이해관계에 직접적인 영향을 미칠 수밖에 없는 역내의 새로운 국제 질서 수립 과정이 미 · 일 · 러 등에 의해 일방적으로 주도되어서는 안 된다는 점을 강조하고 있다. 중국의 이러한 입장은 과거 자신들이 동북아 지역에서 미국과 소련의 주도권에 밀려 부차적인 역할밖에 수행하지 못했고, 1990년대 이후에도 수세적인 정책으로 일관했던 상황을 시정하고자 하는 의지를 담고 있다. 따라서 중국은 앞으로 기존 질서의 현상 유지라는 소극적인 입장보다는 동북아 지역의 국제 질서를 자국에 바람직한 방향으로 적극 재편하고, 이를 통해 자국의 고유한 역할을 확대하려는 의도를 갖고 있다. 최근 중국의 이러한 대외 인식과 전략은 동북아 정책 전반에 투영되고 있다.

중국이 추진하는 동북아 전략의 또 다른 부분인 한반도의 평화와 안정 유지는 중국의 동북아 정책 전반에 영향을 미치는 핵심적 부분이다. 즉, 한반도의 평화와 안정 없이는 중국이 의도하는 방향의 동북아 신 국제 질서 수립은 불가능하며, 결과적으로 동북아에서의 영향력 확대를 통한 세계적 차원의 전방위 외교 추진은 불가능하다. 따라서 중국은 한반도의 평화와 안정을 동북아 정책 성패의 관건이 되는 요인으로 인식하고 있다.

결국 중국이 추구하는 동북아 전략의 핵심은 동북아 국제 질서의 재편, 한반도의 평화와 안정 유지를 통해 궁극적으로 자국의 역내 정치 · 경제 · 군사적 영향력을 극대화할 수 있는 기반을 확보하고, 더 나아가 세계를 겨냥한 전방위 외교 추진의 거점을 확보하고자 하는 것이다. 중국의 이러한 전략은 주변국과의 관계를 규정한 "목린睦隣"(선린 관계 유지), "안린安隣"(주변 정세의 안정 유지),

"부린富隣"(주변국들과의 공동 발전 추구)의 소위 6자 방침
으로 집약된다.

(2) 한반도 정책 기조

중국의 한반도 정책 기조는 적어도 중단기적으로 ① 한반
도의 평화와 안정 유지, ② 미국, 일본, 러시아 등을 고려
한 한반도에서의 총체적인 영향력 우위 유지, ③ 한국과의
경제 교류 · 협력 강화 및 정치 · 외교적 공감대 확대라는
범주를 벗어나지 않을 것이다.

1) 한반도의 평화와 안정 유지

한반도의 평화와 안정을 저해하는 어떠한 일에도 반대한
다는 입장은 중국의 한반도 정책을 관통하는 가장 핵심적
인 부분으로서 매우 포괄적인 의미를 담고 있다. 즉, 한반
도 문제와 관련된 중국 지도부의 각종 발언이나 중국 외
교부의 공식 논평에서 표출되는 가장 우선적인 내용은 예
외 없이 한반도의 평화와 안정의 중요성 및 이를 위한 중
국의 건설적인 역할의 필요성이다. 중국의 이러한 입장은
2005년 10월 27일 김정일 위원장과 후진타오의 북 · 중 정
상 회담, 11월 16일 노무현 대통령과 후진타오의 한 · 중
정상 회담에서도 잘 나타나고 있다.
　　한편 중국은 한반도의 평화와 안정을 위해서는 우선

북한의 정치·경제적 상황 악화와 국제적 고립에도 불구하고 남북한의 세력 균형이 중요하다는 인식을 갖고 있으며, 남북한 세력 균형을 자신들의 입장에서 직간접적으로 조정하려는 의도를 갖고 있다. 즉, 중국은 정치·군사적 측면에서의 대 북한 편향(우호 협력友好協力), 경제적 측면에서의 대 남한 편향(호혜 협력互惠協力)을 통한 균형 유지 정책으로 자국의 역할과 이익을 극대화하고자 하는데, 이는 대 남한 관계, 대 북한 관계의 수위를 자국 이익의 극대화라는 관점에서 탄력 있게 조절할 수 있다는 일종의 자신감에서 기인하는 것이다.

한반도 비핵화, 장거리 미사일을 포함한 북한의 대량 살상 무기 개발 반대 역시 한반도의 평화와 안정 유지를 위한 중국의 주요 정책 사안들이다. 1990년대 초 북한 핵 문제가 국제적 사안으로 부각되면서 중국은 자국의 정책 선택에 있어 제약을 최소화하는 동시에 평화적 해결을 도모한다는 차원에서 ① 북한의 핵 개발 포기를 직간접적으로 권고하고, ② 남북한·미·IAEA 등 당사자 간의 성의 있는 대화와 협상을 촉구하며, ③ 국제 사회의 대북 압력, 군사적 제재 조치에 반대하는 정책을 추진하여 왔다. 중국의 이러한 정책은 2000년대 초에 발생한 제2차 북한 핵 문제에 대해서도 적용되었으며, 중국이 베이징에서의 3자 회담, 6자 회담을 적극 주선한 것도 이러한 정책의 일환이다. 2005년 9월 19일 2단계 6자 회담의 타결과 공동 성명 채택을 통한 북한 핵 문제의 해결 가능성에도 불구하고 만일 이러한 문제가 다시 부각된다면, 중국은 또다시 기존 정책의 연장선에서 대처하고자 할 것이다.

한편 중국은 한반도의 정전 체제를 평화 체제로 전환하는 것의 당위성을 인정하고 있으며, 그 과정에서 북한과 미국만이 아닌 관련 국가들 모두의 의사가 충실히 반영되어야 한다는 입장을 보여 왔다. 즉, 중국은 냉전의 잔재가 잔존하고 남북한의 군사적 대립이 지속되는 한반도의 비정상적인 상황을 개선하기 위해 당사자 간의 대화와 협상을 통해 평화 체제를 구축하는 동시에 남북한의 교류 협력 확대를 통해 공존공영의 안정 국면을 조성해야 한다는 기본 인식을 갖고 있다. 실제로 중국은 베이징 6자 회담의 연장선에서 한반도의 평화 체제로의 전환 및 동북아 다자 안보 협력 문제를 논의하는 것이 바람직하다는 입장을 갖고 있다. 앞으로도 중국은 북한과 미국이 평화 체제로의 전환 과정을 일방적으로 주도하지 않는 한 평화 체제로의 전환에 적극적인 입장을 보일 것이다.

2) 한반도에서의 영향력 우위 유지

중국은 한·중 수교, 러시아의 대북 영향력 상실로 인해 한반도에 대한 총체적인 영향력 측면에서 우위를 점하고 있다는 인식을 갖고 있다. 중국의 입장에서 한반도에서의 영향력 확대는 동북아 및 국제 사회에서의 역할과 지위 강화라는 보다 높은 차원의 외교 목표 실현을 위한 기반 조성의 의미를 갖는다. 따라서 중국은 앞으로도 한반도에 대한 영향력 우위를 고수하기 위한 방안을 부단히 강구하고자 한다.

이를 중장기적 차원에서 살펴보면, 우선 중국은 2단계 6자 회담 공동 성명이 명시하고 있는 것과 같이 북한 핵 문제의 일단락 이후 북·미 관계 개선, 북·일 관계 개선이 순조롭게 추진될 경우 자국의 대북 영향력 약화 가능성에 대비하는 동시에 북한에 대한 각종 지원과 설득을 통해 가능한 한 북·미, 북·일 관계 개선 속도를 자신들에게 유리하게 조절하고자 할 것이다. 또한 장기적인 측면에서 중국의 대북 영향력 감소 부분과 한국의 대미, 대일 관계 약화 부분을 연결고리로 한국과의 정치·외교·군사적 공감대를 확대하고자 할 것이다. 최근 중국은 노무현 정부가 강조한 바 있는 "동북아 균형자론," 주한 미군의 기동군화 움직임과 관련된 한국군의 "전략적 유연성" 문제를 예의 주시하고 있는데, 이는 향후 한·미, 북·미 관계 변화 가능성을 염두에 둔 것이다.

3) 평화적, 자주적 통일 지지
한반도의 통일 문제와 관련하여 중국은 원칙적으로 한반도 통일을 지지하되 통일 방식은 반드시 남북 간의 대화와 협상에 의한 '평화적,' '자주적' 통일이어야 함을 강조하고 있다. 실제로 중국은 1992년 8월의 수교 성명에서 "한반도의 평화적 통일에 대한 한민족의 염원을 존중하며 한민족 스스로의 평화 통일을 지지한다"는 공식 입장을 표명하였다. 이는 한반도 통일 문제에 관한 중국의 소위 '삼불반三不反' 원칙으로, 중국은 ① 자국의 경제 건설을 저해하지 않는 통일, ② 외세의 개입이 없는 통일, ③ 통일 국가가 중국과 우호 협력 관계를 유지할 수 있는 한반도 통일은 반대하지 않는다는 것을 의미한다.

2. 한 · 중 관계와 북 · 중 관계

(1) 한 · 중 관계

중국은 기본적으로 남한과의 관계를 경제적 호혜 → 정치적 선린 → 안보적 협력의 관계로 발전시켜야 한다는 인식을 갖고 있으며, 실제로 양국 관계는 지난 1980년대 중반 이후 이러한 방향으로 변화하여 왔다. 이러한 단계별 관계 변화에 있어서 하위 단계의 충분한 관계 발전이 상위 단계 진입에 결정적인 영향을 미치며, 궁극적인 방향은 3차원의 관계가 융합되어 양국 관계의 안정적 기반으로 작용하는 것이다.

  우선 경제적 호혜는 중국의 대 남한 정책에서 가장 중

요한 비중을 점하고 있으며, 앞으로도 중국의 대외 개방, 시장화 개혁이 지속되는 한 양국 관계의 중요한 축으로 작용할 것이다. 문제는 향후 중국의 지속적인 경제 성장 과정에서 우리의 경제적 이해관계를 얼마만큼 고수할 수 있느냐 하는 것이다. 즉, 중국의 급속한 경제 성장 과정에서 '호혜'의 측면을 지속적으로 유지할 수 있는가, 중장기적 차원의 대 중국 경제적 편중 내지는 초보적인 종속 가능성을 배제할 수 있는가 하는 것이 양국 간 경제 관계의 관건이다.

한편 정치적 선린은 한·중 수교를 계기로 부단히 진전되어 왔으며, 현 단계는 최고 지도자의 상호 방문, 국제적 사안에 대한 공동보조 등 일반적인 국가 관계 이상으로 발전되었다. 그러나 다른 한편으로 중국이 북한과의 우호 협력을 한반도 정책의 다른 한 축으로 고수하는 상황에서는 정치적 선린의 범위와 내용이 제약될 수밖에 없는 것이 현실이다. 물론 중장기적 차원에서 중국이 대북 관계에서, 한국이 대미 관계에서 좀 더 유연할 수 있을 것이라는 전제하에 북·중 관계, 남북한 관계, 한·미 관계의 질적인 변화 가능성을 고려한다면, 한·중 간의 정치적 선린 관계는 확대 심화의 방향으로 진전될 가능성이 높다.

양국 간의 안보적 협력은 한반도의 평화와 안정 유지 필요성에 대한 공감대를 바탕으로 국방장관 및 고위 장성의 상호 방문, 함정의 상대국 기항 등 초보적인 수준에 머무르고 있다. 그러나 양국은 안보 협력의 일부 진전에 의미를 부여하는 동시에 향후 안보 협력의 범위 확대 및 질적 제고 필요성을 조심스럽게 검토하고 있다. 물론 안보 협력은 정치적 선린의 상위 단계로서 그에 비해 더욱 직접적인 제약 요인이 존재한다는 점에서 중단기적 차원의 배타적 안보 협력 가능성은 크지 않으나, 제약 요인의 변화(특히 한·미, 북·중 관계), 역내 다자 안보 협력의 진전 여하에 따라 느슨한 형태의 안보 협력이 증대될 가능성은 있다. 특히 북한 핵 문제의 평화적 해결, 한반도의 평화 체제 구축 등과 관련해서는 양국 간의 협력 여지가 크다. 중국은 정전 체제의 평화 체제로의 전환과 관련된 논의 과정에서 한국의 입장을 지지함으로써 양국 간의 공감대를 형성하였듯이, 자국의 정책 기조와 부합하는 범위 내에서 한반도 문제와 관련된 양국 간의 협력을 확대하고자 한다. 특히 중국은 통일 이후까지를 염두에 두고 특정 정치·외교 사안이나 정책에 대한 공동보조 및 공동 추진을 적극 고려하고 있다.

결국, 중국의 대 남한 정책과 한·중 관계는 한반도 정책 성패의 절대적인 부분을 점할 것이다. 따라서 중국의 정책 방향은 궁극적으로 남한과 한반도의 평화와 안정을 담보하는 경제·정치·안보 관계의 균형적 발전을 이룩하고, 이를 바탕으로 남한 → 한반도 → 동북아 → 세계로 이어지는 전방위 외교의 추진력을 확보하는 데 초점을 맞출 것이다.

(2) 북 · 중 관계

중국은 북한의 정치 · 경제적 상황 악화에도 불구하고 남북
한 간 세력 균형이 중요하며, 따라서 북한이 세력 균형에
필요한 최소한의 대내외적 자생력을 확보하도록 직간접적
으로 지원할 필요가 있다는 인식을 갖고 있다. 따라서 중
국의 대 북한 정책은 첫째, 현 단계에서 가능성이 높지 않
은 남북한 통일보다는 분단의 안정적 관리를 통해 한반도
의 평화와 안정 유지 및 국익의 극대화를 도모하는 동시
에, 둘째, 대 남한, 미국, 일본 혹은 국제 사회와 관련하여
아직은 다목적의 효용을 지닌다고 판단하는 '북한 카드'의
실효성을 높이기 위한 전략적 고려에서 출발하고 있다.

　　우선 한 · 중 수교는 중국의 대북 정책 및 북 · 중 관계
변화의 결과인 동시에 또 다른 변화의 시발점이기도 하다.
중국은 한 · 중 수교의 필요성 인식과 함께 그로 인한
북 · 중 관계의 손상 가능성을 고려하였으나 당시 중국이
직면한 대내외적 상황은 중국 지도부로 하여금 한 · 중 수
교를 불가피한 현실로 수용하도록 했다. 실제로 중국은 대
내적으로 1989년 6.4 천안문 사건 이후 소강 국면에 처한
개혁 개방 정책의 전열을 재정비하고 새로운 활력을 불어
넣어야 할 필요성을 갖고 있었고, 대외적으로는 한 · 소 수
교, 남북한 동시 유엔 가입, 일본의 대북 수교 교섭 및 대
외적 영향력 확대 움직임, 국제 사회에서의 생존 공간 확

대를 향한 대만 리덩후이 정부의 외교 공세 등 동북아 국제 질서의 재편 과정을 방관할 수 없는 입장이었다.

결과적으로 중국은 북·중 관계의 손실을 최소화한다는 전제하에서 한·중 수교를 결정하는 동시에 북한을 설득하고 양해를 구하는 데 노력을 기울였다. 예를 들어, 중국은 수교 이듬해인 1993년 당시 정치국 상무위원이었던 후진타오가 츠하오톈遲浩田 국방부장, 홍쉐즈洪學智 정치협상회의 부주석 등과 동행한 북한 방문으로부터 2001년 9월 장쩌민 주석의 방북에 이르기까지 고위 지도부의 방문과 각종 언급을 통해 한·중 수교의 불가피성에 대한 설명과 함께 북한과 중국의 전통적 우호 관계는 변하지 않을 것임을 강조하였다.

한편 북한은 중국이 한국과의 관계 정상화를 구체화할 움직임을 보이자 내심 심한 불쾌감 내지는 배신감을 느꼈으며, 북한의 이러한 불만은 가뜩이나 한·소 수교, 소련·동구 사회주의권의 해체, 국제 사회로부터의 직간접적 압력 등으로 대내외적 위기에 봉착한 상황 하에서 더욱 가중될 수밖에 없었다. 따라서 북한은 옛 친구에 대한 신의를 저버리지 않는다는 중국의 거듭된 설득과 양해에도 불구하고 중국의 시장화 개혁이 자본주의에 대한 잘못된 환상 내지는 경제 만능주의에서 기인하며, 한·중 수교 역시 그러한 정책적 오류의 연장선 위에 있다는 인식을 갖고 있었다. 그러나 중국 지도부에 대한 북한의 불만은 중국과의 관계를 극도로 악화시킬 정도로 무절제하게 표출된 것은 아니며, 감정적 측면의 배신감과 이를 자제할 수밖에 없는 현실 인식이 공존했다. 즉, 북한은 한 · 소 수교 당시 소련을 비난했던 것보다는 훨씬 절제된 상태에서 중국에 대한 불만을 표현했다. 이는 한 · 중 수교가 북한의 대내외 환경이 악화되는 상황에서 이루어졌다는 점 때문에 중국에 대한 북한의 불만이 가중되었지만, 다른 한편으로 북한의 입장에서 그러한 곤경을 극복할 수 있는 현실적 대안은 중국과의 관계 속에서 찾을 수밖에 없는 야속한 현실에서 비롯된 것이다.

결국 한 · 중 수교는 관계 불변에 대한 각종 수사적 강조에도 불구하고 중국과 북한이 맺어 온 배타적 양자 관계에 변화를 초래하였다. 특히 북한의 입장에서는 쉽게 벗어나기 어려운 감정적, 현실적 부담이었다. 그러나 쌍방은 상호 간의 불편함을 완화하기 위한 노력을 기울였고, 실제로 한 · 중 수교 이후 북 · 중 관계에서 적어도 외형적으로 급격한 변화는 없었으며, 내면적으로 일정 기간의 소강 상태와 조정 단계를 거쳐 새로운 관계 정립을 모색할 수 있는 충분한 에너지를 보유하고 있었다.

이처럼 중국은 한반도의 평화와 안정 그리고 그에 대한 영향력 확대를 한반도 정책과 대북 정책의 근간으로 유지하고 있으며, 적어도 당분간은 이러한 기조를 고수할 것이다. 그럼에도 불구하고 중국의 한반도 정책은 남한과의 정치 · 경제 · 안보 협력 확대와 북 · 중 관계의 현실적 조정이라는 방향으로 서서히 전환될 가능성이 높다. 이를 중국의 대북 정책, 북 · 중 관계의 측면에서 보면 다음과 같다.

첫째, 향후 북 · 중 관계는 변화와 지속의 두 측면 중에서 변화의 비중이 점점 높아질 것이다. 즉, 중국은 북 · 중 관계의 특수성을 제한적으로 유보한다는 전제하에 대내외 정세에 걸맞은 관계 조정이라는 측면에서 접근할 것이며, 북한도 이를 거부하기 어려울 것이다. 예를 들어, 2001년 9월 3일 10년 만에 북한을 방문한 장쩌민 주석은 김정일 위원장과의 정상 회담에서 21세기 중 · 북 관계의 기본 방침을 "전통의 계승繼承傳統," "미래 지향面向未來," "선린 우호睦隣友好," "협력 강화强化合作"의 16자로 강조했는데, 전반적 분위기는 미래 지향적 관계에 중점을 두었다.

북 · 중 관계 변화의 촉진 요인으로는 이념적, 인적 유대의 약화를 지적할 수 있는데, 이는 주로 중국의 과도한 시장화 개혁에 대한 북한의 거부감과 이념적 갈등, 1세대 혁명 원로들의 사망과 신 지도부 간의 긴밀한 접촉 · 연계 부족으로 인한 쌍방 엘리트 간의 단절 현상 심화에 따른 것으로, 이 중에서 인적 유대 약화는 이념적 유대보다 더 큰 변화 요인으로 작용할 가능성이 높다. 물론 중국은 북 · 중 관계의 이러한 문제점을 인식하고 이를 다소 보완할 필요가 있다고 생각하는 것으로 보이는데, 예를 들어 장쩌민 주석은 2001년 9월 방북 당시 정치국 후보위원, 서

기처 서기, 당 조직부장이던 쩡칭홍曾慶紅, 당 중앙군사위원, 인민해방군 부총참모장 꿔보슝郭伯雄, 당 중앙 판공청주임 왕강王剛, 당 중앙 대외연락부장 다이빙궈戴秉國, 당 중앙 외사판공실 주임 류화추劉華秋, 대외무역경제합작부 부부장 안민安民, 대외연락부 부부장 왕자루이王家瑞, 당 중앙 정책연구실 부주임 왕후닝王滬寧 등 대표적인 차세대 지도자들을 대거 대동했으며, 실제로 이들 대부분은 후진타오 체제에서 대북 관계의 중요한 역할을 수행하고 있다. 그럼에도 불구하고 현 중국 지도부와 북한 지도부 간의 인식 차이와 단절 현상은 완전한 복구가 불가능한 것으로 보인다. 더욱이 후진타오를 포함한 중국의 신세대 지도자 대다수는 내면적으로 김정일 체제의 리더십을 포함한 북한의 정치 · 경제 상황에 매우 회의적이다.

둘째, 중장기적 측면에서 북 · 중 관계의 질적 변화가 불가피한 것은 사실이나 다른 한편으로 기존의 정치 · 안보적 유대와 북한에 대한 중국의 경제적 지원 등은 비록 축소된 형태라 할지라도 일정 기간 병존될 것이다. 다만 중국의 대북 경제 지원은 규모, 절차, 방식 등의 측면에서 계속 변화할 것이다. 또한 중국은 에너지, 식량, 비료 등 일부 전략적 수요 물자에 대한 대북 지원을 지속하는 동시에 중장기적 차원에서 북한 경제의 자생력 제고를 위해 경제 개혁 정책을 적극 권고하고자 할 것이다.[37] 이는 곧 중국이 대북 경제 관계에서 지원 일변도의 수혈輸血 정책을 줄여 가고, 북한이 스스로 경제력을 갖추어 갈 수 있도록 지원하는 조혈造血 정책 위주로 전환될 것임을 의미한다. 결국 전통적 관계가 부분적으로 유보된 상태에서 현실적 이해득실을 고려하는 비중이 점차 높아갈 것이며, 이 과정에서 양국 관계는 과거에 비해 대립·갈등으로 인한 기복을 보일 가능성이 높다.

일례로 북한이 신의주 경제 특구 설립을 발표하면서 행정장관으로 임명한 네덜란드 국적의 중국인 양빈楊斌을 중국 정부가 전격 구속한 사건을 지적할 수 있다. 당시 북한은 신의주를 '일국양제' 모델을 따르는 경제 특구로 지정하고 개혁 개방의 전진 기지로 삼고자 했다. 따라서 북한의 경제 개혁 개방을 권고해 왔던 중국은 이를 적극 지지해야 함에도 불구하고 양빈을 구속함으로써 결과적으로 북한의 신의주 경제 특구 설립 계획 자체를 무산시켰다. 북한의 경제 회생을 바라는 중국이 이러한 충격적 조치를 취한 것은 우선 자신들이 전략적 요충지로 인식하는 국경 지역에, 그것도 현재로서는 성공 여부를 가늠하기 어려운 경제 특구를 지정한 것에 대해 적잖은 반감을 갖고 있었다. 또한 중국은 양빈이라는 인물을 신뢰하지 않았고, 특히 그가 계획하는 경제 특구 운영 방안이 도박, 유흥 등에 중점을 두고 있다는 점에 심한 거부감을 갖고 있었다. 물론 중국 정부는 표면적으로 양빈이 중국 내에서 불법을 자행한 경제 사범이기 때문에 구속할 수밖에 없었다는 점을 강조했지만, 실제로는 북한이 행하는 특정 정책이 중국의 이해관계에 역행할 경우 양국 간 체면이나 전통적 우호관계 등의 정치적 고려보다는 경제·사회적 부작용을 우선시하여 이를 즉각 제재할 수 있다는 점을 보여 준 것이다.[38]

셋째, 북·중 관계에서 제3자가 개입하기 어려웠던 기존의 배타적 양자 관계가 감소하고, 미국, 일본, 러시아, 남한, EU 등과 연계된 복합적 다자 관계가 점증할 것이다. 특히 북·미 관계는 이미 북·중 관계의 새로운 변수로 작용하고 있다. 따라서 북·중 관계는 기본적으로 우호 관계를 유지함에도 불구하고 쌍방의 대내적 변화 및 주변 국제정세와 연계된 유연한 양자 관계로 변화될 것이다. 다만 그 변화의 속도와 범위는 적어도 당분간 북한 정권의 자생력 회복과 생존을 우선적으로 고려하여 결정될 것이다.

결국 후진타오 체제하에서 북·중 관계는 현실적 관계 조정이 가속화될 가능성이 높고, 북한은 이를 수용하지 않을 수 없을 것이며, 그 과정에서 야기될 수밖에 없는 다양한 불협화음을 조절하는 것이 향후 북·중 관계의 최대 과제일 것이다. 2004년 4월 김정일의 방중과 10월 김영남의 방중, 2005년 10월 후진타오 주석과 우이吳儀 부총리의 방북 과정에서 보여 준 각별한 우의의 과시 역시 전통적 관계의 복원이라는 의미보다는 새로운 관계의 시발점으로 해석된다. 즉, 외형적으로 과장되어 나타나는 우호적 모습들은 오히려 양국 관계의 내면적 부실을 가리기 위한 의

도가 담겨 있는 것으로 보인다.[39]

한편 향후 북·중 관계의 구체적 변화 방향을 가늠할 수 있는 사안으로서 6자 회담의 결과 여하에 따라 추진될 가능성이 있는 북한과 미국의 관계 개선을 들 수 있다. 그동안 중국은 북한이 외교적 입지를 강화하고, 국제 사회의 대북 지원 확대 등을 통해 정치·경제적 자생력을 확보하고, 궁극적으로 남북한의 세력 균형을 유지하도록 지원한다는 차원에서 원칙적으로 북·미 관계 개선을 지지하여 왔다. 사실 북·미 관계 개선은 동북아 지역의 기존 국제 질서의 변화를 전제로 이루어질 수밖에 없으며, 동시에 그것은 결과적으로 또 다른 차원의 동북아 지역의 국제 질서 변화를 촉진하게 될 것이다. 바로 이러한 점 때문에 1990년대 중후반과 같이 북·미 관계 개선이 추진될 경우, 당사자인 북한, 미국뿐만 아니라 역내 국가들 모두가 이들의 관계 변화 추이와 그 과정에서 파생될 수 있는 자국의 이해득실 변화를 예의 주시할 것이다.

특히 중국은 동북아 지역의 어느 역내 국가보다도 북한과 미국의 관계 개선 움직임에 각별한 관심을 기울이고 있으며, 북·미 관계 개선 그 자체뿐만 아니라 관계 개선 이후의 동북아 국제 질서 변화 및 그에 따른 자국의 역내 입지 변화 가능성을 면밀히 검토할 것이다. 우선 중국은 동북아 지역에서의 정치·경제·군사적 영향력 확대를 위한 제반 정책의 연장선에서 북·미 관계 개선을 인식하고 있다. 즉, 중국은 기본적으로 동북아 지역에서 신구 국제 질서가 혼재하는 과도기적 상황을 종결하고 진정한 의미의 동북아 신 국제 질서를 확립하기 위해서는 북한의 대 서방국 관계 개선, 그중에서도 북한과 미국의 관계 개선이 이루어져야 한다는 입장을 갖고 있다. 중국은 북한의 개혁 개방과 체제의 자생력 확보를 위해 미국과의 관계 개선이 필수적이라는 인식을 갖고 있으며, 그렇지 못한 상태에서 북한이 서방 국가들과 관계를 개선하고 국제 사회에 진출한다는 것은 현실적으로 불가능하다는 판단을 하고 있다.

이는 중국이 동북아 지역의 신 국제 질서 형성 과정에서 핵심적 위치를 차지하고 있는 한반도 문제, 특히 북 · 미 관계가 어떠한 형태로든지 진전되지 않고서는 동북아 지역의 신 국제 질서는 불완전할 수밖에 없다는 인식을 갖고 있음을 의미한다. 이와 함께 중국은 남북한 간의 경제적 격차가 점점 심화되고, 한 · 소 수교, 한 · 중 수교 등으로 남한의 대외적 역량은 한층 강화된 반면, 북한의 대내외적 입지는 더욱 축소됨으로써 남북한 간의 세력 균형이 무너지고, 결과적으로 한반도의 평화 · 안정 기조가 약화되는 것을 억제한다는 차원에서 북 · 미 관계를 인식해 왔다. 그럼에도 불구하고 중국이 북 · 미 관계 개선을 무조건 지지하는 것은 결코 아니며, 자국의 이해관계를 크게 저해하지 않는 범위 내에서의 조건부적, 제한적 지지라고 할 수 있다. 즉, 중국은 북 · 미 관계 정상화가 자신들이 설정한 북한의 개혁 개방, 국제적 위상 강화, 남북한 세력 균형이라는 범위를 벗어나 북한에 대한 미국의 영향력 확대, 중국의 영향력 축소로 발전될 가능성을 내심 우려하고 있다. 이는 중국이 북·미 관계 개선을 통해 북한의 대내외적 입지를 보다 강화시켜 주어야 할 필요성과 이것이 결과적으로 자국의 영향력 약화로 이어질 수 있다는 우려 사이에서 고민하고 있다는 것을 의미한다. 중국의 이러한 이중적 입장은 최대 외교 현안인 미국과의 갈등·협력 조절, 한반도에서의 영향력 우위 유지, 최근 중국이 강조하는 주변국에 대한 '6자 방침'의 전형적 추진 대상이자, 간단치 않은 특수 관계를 맺어 온 북한에 대한 정책적 목표를 함께 만족시키기 위한 것이다.

3. 북한 핵 문제에 대한 정책 기조

북한 핵 문제와 관련된 중국의 제반 정책은 기본적으로 한반도 정책과 대북 정책의 연장선에서 이루어지고 있다. 즉, 중국이 강조하는 북핵 관련 3원칙인 한반도의 평화와 안정 유지, 한반도의 비핵화와 대화를 통한 평화적 해결은 넓게는 중국의 세계 전략, 좁게는 대북 정책을 철저히 반영하고 있다.

(1) 한반도의 평화·안정과 북한 체제의 생존

한반도의 평화와 안정 유지는 중국이 강조하는 한반도 정책의 핵심일 뿐만 아니라 북한 핵 문제 해결을 위한 3원칙 중에서 제1의 원칙으로 제시하고 있는 것이다. 물론 이는 북한 핵 문제 해결을 위한 구체적 방안을 제시하는 것이라기보다는 북한 핵 문제에 대한 중국의 기본 인식을 보여 주는 것이다. 즉, 동기를 불문하고 북한의 핵 개발 움직임으로 인해 북핵 문제가 확산되고 한반도 주변 정세에 긴장을 초래하는 것은 중국이 추진하는 한반도 정책의 최우선 목표인 한반도의 평화와 안정 유지에 근본적으로 배치된다는 것을 강조하는 동시에 자신들의 또 다른 원칙인 비핵화와 평화적 해결을 도모해야 하는 이유를 강조케 하는 것이다.

한반도의 평화와 안정 유지에 대한 중국의 최근 입장은 1993년의 북한 핵 문제의 경우에 비해 더욱 확고한 것으로 보인다. 당시 중국은 기본적으로 북한 핵 문제가 자신들의 한반도 정책과 상충되지 않는 범위 내에서 해결되어야 한다는 인식하에 한반도 비핵화, 당사자 간의 대화와 협상에 의한 해결에 비중을 두었다. 중국이 2002년에 다시 불거진 북한 핵 문제와 관련하여 한반도의 평화와 안정의 중요성을 더욱 강조한 것은 문제의 심각성과 그것이 한반도 정세에 미칠 부정적 영향에 대한 우려에서 비롯된 것으로 보인다. 즉, 중국은 2차 북한 핵 문제가 과거에 비해 북한의 핵 개발 진척 상황, 핵 문제 전반에 대한 북한의 공세적 태도, 이에 대한 미국 부시 정부의 부정적 인식과 대응의 강도 측면에서 위기를 초래할 가능성이 매우 높다고 판단했다.

사실 중국은 과거 북한의 핵 개발 가능성과 그것이 한반도 평화에 미칠 부정적 영향을 심각하게 받아들이지 않았으며, 남북한 간, 북한과 국제원자력기구 · 미국을 중심으로 한 국제 사회의 대립 과정에서 자국의 중재 역할을 부각시키는 데 중점을 두었다. 실제로 중국은 자신들의 역할에 대한 남한, 미국 등의 기대를 십분 활용하여 북한 핵 문제 이외의 다른 사안에서 자국의 입지를 강화하려는 의도를 갖고 있었던 것으로 보인다. 그러나 중국은 2차 북한 핵 문제를 심각하게 받아들였으며, 특히 북한의 핵 보유가 기정사실화 될 수도 있다는 점에서 북한의 핵 보유 이후 북한 체제의 정권 안보, 한반도 정세 및 일본, 대만 등을 포함한 주변 국가들의 대응, 그리고 그러한 상황이 자국의 정치 · 안보 상황은 물론 소위 전면적 '소강 사회'를 향한 21세기 경제 발전 전략에 미칠 부정적 영향 등을 구체적으로 검토하기 시작했다.

결국 중국의 입장에서 북한의 핵 개발 강행과 미국의 강경 대응, 이로 인한 한반도 및 동북아 정세의 긴장 국면은 결코 자국에 이롭지 않은 것이고, 따라서 보다 적극적인 개입으로 북한 핵 문제를 해결하고 더 나아가 정전 체제의 평화 체제로의 전환을 통해 한반도의 평화와 안정 기조를 유지해야 할 필요성을 갖고 있는 것이다. 중국의 이러한 입장은 2003년 8월 27일 북경에서 개최된 북한 핵 문제 관련 6자 회담에서도 잘 나타났다. 즉, 당시 중국의 수석 대표였던 왕이 외교부 부부장은 개막 연설을 통해 북경 6자 회담이 4월의 북경 3자 회담의 연장선에서 이루어지는 확대회의 성격을 갖는 동시에 하나의 새로운 시작이라는 점을 지적하면서, 회담을 통해 북한 핵 문제의 평화적 해결은 물론 평화 체제 실현을 통한 한반도의 평화와 안정을 구축하는 계기가 되어야 한다는 점을 강조했다.

(2) 한반도 비핵화

한반도 비핵화는 평화 · 안정 유지와 함께 북한 핵 문제와 관련하여 중국이 주장하는 주요 원칙이다. 또한 한반도 비핵화 원칙은 비단 북한 핵 문제에 국한되는 원칙이 아니라 한반도 전체가 그들의 표현대로 '무핵화無核化' 되어야 한다는 점을 강조하는 것이다. 이러한 중국의 주장에는 북한 핵 문제의 해결과 함께 남한의 핵무기 개발 혹은 배치 가능성을 억제함으로써 북한의 체제 안보 우려를 해소하는 동시에 자국의 정치 · 안보와 직결된 접경 지역이 핵무장하는 것을 근원적으로 방지하고자 하는 전략적 의도도 내포되어 있다. 실제로 중국 내 군부를 비롯한 일각에서는 만약 북한이 핵을 보유할 경우 중국은 세계에서 유일하게 러시아, 인도, 파키스탄, 북한 등 핵을 보유한 4개 국과 국경을 접하게 된다는 점을 지적하면서 이에 대해 심각한 우려를 제기하고 있다.

한편 한반도 비핵화 필요성에 대한 중국의 주장은 이미 1992년 1월 20일 남북한 간 "한반도의 비핵화에 관한 공동 선언"[40] 비준 직후 본격적으로 제기되었다. 즉, 중국은 남북한 모두의 핵 보유를 반대하고 한반도 비핵화를 지지한다는 입장을 표명하면서, 남북한의 비핵화 공동 선언을 한반도 안보 상황에 매우 고무적인 변화로 인식하였다. 이러한 입장에 근거하여 중국은 1993년 이후 부각된 북한 핵 문제에 대해서 시종일관 한반도 비핵화의 중요성을 강조하였다. 물론 한반도 비핵화의 필요성에 대한 중국의 주장은 핵무기, 핵전력에 대한 그들의 기본 인식과 동일한 차원에서 이루어지는 것은 아니다. 즉, 중국은 한반도 비핵화와 자국의 핵 정책을 별개의 문제로 구분하여 인식하고 있다. 실제로 중국은 탈냉전이 세계 평화와 안정을 보장하는 것은 아니라는 인식 아래 '대외적 영향력 확대를 위해' 군사력 강화를 추구하고 있으며, 이를 위해서는 기존 군사력의 정예화·현대화와 함께 핵전력 강화가 필요하다는 인식을 갖고 있다.

따라서 중국의 핵 정책은 핵무기 감축, 핵 실험 금지에 대한 국제 여론을 정면으로 거부하지 않으면서도 내부적으로는 핵전력을 꾸준히 강화하여 미국과 러시아에 대한 열세를 만회하려는 움직임을 보여 왔다.[41] 즉, 중국은 핵무기 감축은 일차적으로 최대 핵 보유국인 미국과 러시아를 중심으로 이루어져야 하며, 만약 미·소가 보유하고 있는 핵무기를 절반으로 감축하더라도 전 세계 핵무기의 절대 양은 여전히 미·러 양국이 보유할 것이라는 인식하에 자신들은 최소한의 의무만을 수행한다는 정책을 취해 왔다.[42]

이처럼 중국은 만약 인류의 평화와 안녕이라는 차원에서 세계적인 범위의 핵무기 감축 및 비핵화가 추진되어야 한다면, 이는 일차적으로 미국과 러시아에 해당되는 것이며, 자신들은 비핵보유국들에게 부차적인 책임만을 진다는 인식을 갖고 있다. 따라서 중국이 제기하는 한반도 비핵화는 핵 문제 전반에 대한 중국의 입장이 반영된 것이라기보다는 철저히 자신들의 안보적 이해에 대한 전략적 판단에 기인하는 것이다. 즉, 한반도의 평화와 안정이라는 원칙이 단순히 북한 핵 문제 해결만이 아닌 한반도의 근본적인 평화 체제 구축을 목표로 하듯이, 중국이 주장하는 한반도 비핵화 원칙 역시 북한의 핵 개발 저지에 국한된다기보다 미국과 남한, 일본, 대만 등을 의식한 한반도 및 동북아 전역의 비핵화를 염두에 두고 있는 것이다.

(3) 대화를 통한 평화적 해결

중국이 과거에 비해 최근의 북한 핵 문제를 심각하게 인식한 것은 중국의 입장 변화 때문이라기보다는 북한의 핵무기 개발 추진이 초래할 부정적 결과에 대한 전략적 판단에 따른 것이다. 즉, 중국은 김정일 정권에 대한 클린턴 정부와 부시 정부의 기본 인식이 다르고, 특히 동원 가능한 구체적 대응 전략이 크게 차이를 보이는 상황에서 북한 핵 문제를 방치할 경우 자칫하면 한반도에서의 무력 충돌 내지는 적어도 미국이 추진하는 미사일 방어 체제 구축의 구실을 제공함으로써 한반도의 평화 유지와 영향력 확대라는 자신들의 정책 기조를 뒤흔들 수 있는 부정적 결과가 초래될 수 있다는 점을 심각하게 우려했다.

이러한 상황에서 중국으로서는 북한 핵 문제가 더 이상 악화되는 것을 방지하는 동시에 가능한 한 자국의 입지를 강화할 수 있는 최선의 방안은 결국 자신들의 적극적인 중재 역할을 통해 관련 당사국 간의 대화와 협상을 추진하는 것이었다. 다만 중국은 단순한 중재자(peace maker or honest broker)의 차원을 넘어 문제 해결 과정에서 건설적인 역할의 비중을 극대화함으로써 국제 사회에서의 영향력을 확대하고 평화적 이미지를 제고하는 동시에 '북한의 생존'을 전제로 한 한반도의 평화·안정 실현을 21세기 대외 전략 추진의 유용한 에너지로 활용하고자 하는 전략적 목표를 갖고 있다. 실제로 중국은 과거와는 다르게 이러한 전략적 의도를 더 이상 숨기지 않고 있으며, 자국의 이해관계에 대한 고려가 철저히 반영되고 있음을 밝히고 있다. 이를 두고 많은 중국 전문가들은 중국이 미국과 남북한을 오가는 외교적 중재diplomatic conduits를 즐기고 있다고 평가하기도 했다.

결국 북한 핵 문제에 대한 중국의 인식과 정책 기조, 문제 해결을 위한 양자, 다자간 논의 과정에서 나타난 중국의 구체적인 입장과 태도는 한반도와 동북아 정책을 포함한 21세기 대외 전략을 함축적으로 보여 준다. 물론 중국은 북한 핵 문제와 관련된 논의 과정에서 그들의 해결 의지와 그 의지를 관철시킬 수 있는 능력을 의심받기도 했다. 즉, 4차 6자 회담이 1년 가까이 중단되는 등 교착 상태에 빠지면서 관련국들은 '해결사'로서의 중국의 의지와 능력에 의구심을 가졌는데, 그것은 과연 중국이 북한 핵 문제를 해결하려는 확고한 의지가 있느냐 그리고 의지를 관철할 수 있는 수단과 능력이 있느냐 하는 것이었다. 사실 중국이 해결 의지를 갖고 있다는 것은 부정하기 어렵지만, 능력에 문제가 있다는 것은 충분한 설득력이 있다. 이를 뒷받침할 수 있는 근거로 첫째, 중국의 대 북한 영향력이 그대로 핵 문제 해결 능력으로 전환되기 어렵고 더구나 최근 중국의 대 북한 영향력이 점차 감소하고 있으며, 둘째, 중국은 미국이 북한 핵 문제 해결을 진정으로 원하는가에 대한 확신이 없는 상황에서 북한에 대해 최후의 압박 수단을 섣불리 사용할 경우 핵 문제 해결도 안 되고 대 북한 영향력마저 상실하는 최악의 상황을 초래할 수 있다는 우려 때문에 북한에 대한 고도의 압박을 실제로 사용하기는 어렵다는 점을 들 수 있다.

이처럼 북한 핵 문제의 평화적 해결에 대한 중국의 의지는 분명하나 해결 능력에는 한계가 있는 것이 사실이며, 그 한계의 저변에는 대 북한 영향력 행사의 제약과 함께 북한을 바라보는 중국과 미국의 근본적인 인식 차이가 깔려 있다. 실제로 중국은 잔존하는 국제 사회의 패권주의와 강권 정치의 요인 제거, 국제 질서의 다극화, 유엔 같은 주요 국제기구의 기능 강화[43] 등을 통해 공정한 국제 정치·경제 질서를 수립하고 그 과정에서 소위 '종합 국력'을 극대화하고자 한다. 중국의 이러한 전략은 20여 년의 개혁·개방 성과를 바탕으로 기존의 소극적, 방어적 입장을 지양하고 보다 적극적 태도로 새로운 국제 질서 형성 과정의 주역이 되고자 하는 것으로서, 북한 핵 문제는 이러한 전략 추진 과정에 있어 하나의 시험대로서의 의미를 갖는다. 따라서 중국으로서는 제2단계 4차 6자 회담에서의 공동 성명 채택과 북한 핵 문제의 일단락에도 불구하고 향후 한반도 비핵화, 북·미 관계 및 북·일 관계 정상화 등을 포함한 동북아 냉전 구조 해체, 더 나아가 동북아의 항구적 평화·안정을 제도화하는 과정에서 자국의 입지를 강화하는 데 최대의 노력을 경주할 것이다.

5. 한·중 관계의 과제

한·중 관계의 과거·현재·미래에 관심을 갖는 사람들
은 예외 없이 한국과 중국의 관계가 기존의 '경제적 호혜'
를 발판으로 '정치적 선린' 관계를 거쳐 '전략적 동반'의
관계로 발전해야 하며, 궁극적으로 21세기의 동북아 지역,
더 나아가 국제 사회의 평화와 발전을 촉진하는 요인으로
자리 잡아야 한다는 점을 강조한다. 이는 곧 2003년 7월의
한·중 정상 회담에서 공식 표명된 "전면적 협력 동반자
관계"의 진정한 실현을 의미한다. 문제는 이러한 관계 발
전이 저절로 이루어지는 것은 아니며, 이를 위해서는 한·
중 양국 간의 부단한 노력과 정책적 전환이 요구된다는
것이다. 특히 한국의 입장에서 남북한 관계 개선은 물론
민족 통일의 기반 조성이라는 차원에서 다음과 같은 점에
각별히 유의할 필요가 있다.

1. 관계 발전의 장기적 구도 설정과 저변 확대

한·중 간의 전면적 협력과 동반자 관계의 심화 발전을 위해서는 무엇보다도 통일 이후까지를 고려한 장기적이고 포괄적인 관계 발전 구도를 설정하여야 한다. 단기적 이해 관계에 집착하거나 특정 분야와 현안에 편중된 정책을 추진하기보다는 정치·안보 부문을 포함한 다각적인 교류 협력 증진을 통해 양국 관계의 저변을 부단히 확대하는 것이 중요하다. 수교 이후 한·중 관계가 지나치게 경제 관계에 편중되었기 때문에 한국이 IMF 위기를 겪으면서 양국 관계가 전반적으로 위축되는 경향을 보이기도 했다. 중국을 단순히 우리에게 경제적 이익을 가져다주는 '시장'으로만 인식해서는 곤란하며, 양국 관계의 안정적 발전을 위해서는 교류 협력의 다변화가 필요하다.

물론 1,000억 달러를 상회하는 교역량, 300억 달러에 육박하는 대중 투자액에서 나타나듯, 한·중 관계에서 경제 부문이 차지하는 비중은 절대적이며, 중국의 급속한 경제 성장 과정에서 양국 간의 경제 관계는 더욱 확대될 것이다. 다만 이러한 경제 교류가 중국 지도부의 표현대로 호리호혜互利互惠의 건실한 관계로 발전하기 위해서는 이를 직간접으로 뒷받침할 수 있는 관계 다변화와 저변 확대가 필요하다는 것이다. 그렇지 않을 경우 경제적인 측면에서 중국에 비현실적인 기대와 환상을 갖거나 반대로 중국 경제의 성장 속도와 규모, 대외 공세에 압도되어 한국 경제의 대중 종속 가능성을 지나치게 우려하게 되며, 두 가지 경우 모두 양국 관계 발전에 유익하지 않다.

한편 한·중 관계의 저변 확대와 관련하여 21세기 한·중 관계의 주역이 될 젊은 세대의 교류가 적극 확대되어야 하며, 이를 통해 체제·이념의 벽을 넘는 새로운 차원의 관계 발전을 위한 기반이 마련되어야 한다. 물론 현재 중국에 유학하고 있는 한국 유학생은 약 4만 명에 육박하고 있는데, 이는 중국 내 외국인 유학생의 절반에 달하는 인원이다. 그러나 이러한 유학생의 급속한 증가에도 불구하고 내부적으로 적잖은 문제점을 안고 있다. 예를 들어, 유학생의 상당수가 정규 대학의 교육 과정을 이수하고 있는 것이 아니라 중국에 난립한 각종 사설 교육 기관에서 비체계적인 교육을 받고 있다. 또한 형식적으로 정규 대학에 소속된 기관이라 하더라도 영리에 급급한 중국어 교육원 등의 불량한 환경 속에서 교육을 받고 있다. 따라서 이를 학생 개개인의 문제로 방치하기보다는 정부가 21세기 한·중 관계를 이끌어갈 소위 '중국통'의 육성이라는 차원에서 보다 체계적으로 관리할 필요가 있다. 이는 비록 중국 내 한국 유학생과는 비교가 안 되지만 최근 급증하고 있는 한국 내 중국 유학생들의 체계적인 관리와 연계하여 관심을 기울여야 하는 문제이다. 즉, 한국의 중국통과 중국의 '한국통' 희망자들을 체계적으로 육성하여 향후 한 · 중 관계 발전의 안정적 기반으로 삼아야 한다.

　이와 함께 양국 간의 문화적 교류를 확대하기 위한 체계적 노력이 필요하다. 예를 들어, 소위 중국에 일고 있는 '한류韓流'와 한국의 '한류漢流'를 건전하게 육성함으로써 미래 지향적인 관계 발전과 상호 이해를 촉진하는 통로로 활용해야 한다. 물론 이러한 문화적 교류 협력은 우리의 문화를 중국에 일방적으로 소개하는 차원이 아니라 어디까지나 양 방향의 상호 이해와 정치적 고려가 배제된 순수한 비정치, 민간 차원에서 이루어져야 한다. 그렇지 않을 경우 중장기적으로 적잖은 부작용을 유발하게 될 것이다. 예를 들어, 최근 한국의 TV 드라마, 영화, 가요 등이 중국 내에 급속하게 확산되고 그에 따른 유형, 무형의 긍정적 효과가 나타나고 있으나 중장기적 차원에서 보다 양질의 문화 상품을 보급하기 위해서는 체계적 관리와 노력이 뒷받침되어야 한다. 그렇지 않고 단기적 인기나 상업적 이득에 급급할 경우, 결국 그에 대한 반발과 부작용이 불가피하게 나타날 것이다. 사실 최근 중국 내 일부 문화계와 지식계에서 한류韓流의 부정적 측면을 부각시키고 심지어 이를 폄하 내지는 혐오하는 움직임이 일고 있는데, 이는 어느 민족보다도 더 큰 문화적 자부심을 갖고 있는 중국인들의 의도적인 거부감 표출로 볼 수도 있겠으나, 다른 한편으로 우리가 한류韓流에 심취한 일부 중국인들을 보면서 마치 전 중국인들이 한국의 대중문화에 열광하는 것으로 오해한 것은 아닌지 냉정하게 되짚어 볼 필요가 있다.

2. 대북 정책과 대중 정책의 사안별 분리와 연계

그동안 한반도 문제에 대한 중국의 크고 작은 영향력과
북·중 관계의 현실상 중국 요인은 대북 정책의 수립·추
진 과정에서 중요한 변수로 작용했다. 즉, 북한 핵 문제 등
으로 한반도의 긴장이 고조되고 남북 관계가 경색되는 상
황에서 '중국의 역할'에 대한 기대를 가지고 각종 경로를
통해 중국의 대북 영향력 행사를 촉구했던 것이 사실이다.
후진타오 체제하에서도 중국은 북한 핵 문제 해결과 김정
일 정권의 생존을 위한 대내외적 변신 과정에 직간접적으
로 개입하고자 할 것이며, 이를 통해 한반도 위기 관리자
더 나아가 동북아와 세계 평화의 기여자로서의 위상을 제
고하고자 할 것이다.

　　그러나 남북한 관계를 포함한 한반도 문제에 대한 중
국의 역할은 결코 다른 국가가 인위적으로 부여할 수 있
는 성질의 것이 아니며, 중국은 정치·경제·안보적 이해
관계를 고려하여 자국의 역할 범위와 수준을 스스로 결정
할 것이다. 따라서 중국에 대해 성의 있는 역할을 촉구하
고 주문하는 일보다 더욱 중요한 것은 한반도 현안에 대
한 중국의 기본 인식과 정책 방향을 주도면밀하게 분석하

고, 이를 바탕으로 중국의 긍정적 역할을 효과적으로 유도할 수 있는 정책을 수립하는 일이다. 그렇지 않을 경우, 중국의 긍정적 역할을 얻지도 못한 채 우리의 대 중국 협상력만 약화시키는 결과를 초래할 수 있다. 따라서 사안의 성격 및 이와 관련된 국내외 정세를 종합적으로 검토하여 대중 정책과 대북 정책의 연계 혹은 분리를 선택적으로 운용하여야 한다. 또한 연계의 경우에도 중국의 협력 유도는 간접적으로 자연스럽게 추진하는 것이 바람직하다.

사실 중국은 남북한 관계를 포함한 한반도 문제에 개입하는 데 있어 미국, 일본, 러시아 등 주요 국가와의 관계, 대 남북한 관계를 복합적으로 고려한다. 그 일환으로 중국은 한반도 문제의 '당사자 해결 원칙'을 적절히 활용하고자 하는데, 이는 첫째, 북한의 일방적 지지 요구를 회피하는 동시에 북한에 대한 설득과 압력을 촉구하는 남한이나 미국 등의 요구를 거부할 수 있고, 둘째, 한반도 문제가 지나치게 국제화됨으로써 미국·일본·러시아 등 외세의 개입이 확대되는 것을 억제할 수 있으며, 셋째, 구체적인 현안에 있어서 중국이 분명한 입장을 제시하거나 역할을 수행하기 어려운 애매한 상황에서 빠져나갈 명분을 얻을 수 있다는 중국의 전략적 판단 때문이다. 중국의 이러한 입장은 앞으로 우리가 남북한 간의 대화·협력 수준의 부단한 제고를 전제로 대북 정책과 대중 정책을 효과적으로 연계 혹은 분리 추진해야 할 필요성을 보여 주는 것이기도 하다. 또한 중국의 이러한 입장을 고려할 때, 한반도 문제와 관련된 사안의 해결 과정에서 중국의 긍정적 태도를 이끌어 낼 수 있는 효과적 방법의 하나는 중국이 자국의 이해관계를 고려해 자의적으로 주장하는 당사자 해결 원칙을 역으로 활용하여 한반도 문제에 대한 남북한 당사자 간의 역할을 실질적으로 제고하는 것이다.

앞으로도 중국은 북한 정권의 투명성 제고와 경제 개혁, 핵무기를 포함한 대량 살상 무기의 포기 등과 관련하여 다양한 영향력을 행사하고자 할 것이나 그 수준과 방식은 다른 국가의 요구나 권고에 따르는 것이 아니라 북·중 관계 전반에 대한 자국의 전략적 판단과 이해득실을 철저히 계산한 바탕 위에서 이루어질 것이다. 또한 중국의 대북 영향력 행사가 언제나 가능한 것도 아니고 중국의 의도와 요구를 항상 만족시킬 수 있는 것도 아니다. 따라서 우리의 입장에서는 대중 정책에서 북한 요인을 지나치게 고려하여 한·중 관계 본연의 발전을 저해해서는 안 되며, 동시에 대북 정책에서 중국 요인을 자의적으로 해석하고 적용함으로써 소기의 성과를 얻지 못한 채 북한의 불만을 야기해서도 안 될 것이다.

3. 대미 관계와 대중 관계의 발전적 균형 모색

21세기 국제 질서 변화를 주도하게 될 중국과 미국의 관계는 기본적으로 갈등과 협력의 이중적 특징을 갖고 있으며, 이러한 측면은 한반도 문제와 관련된 중국과 미국의 정책에 민감하게 투영되고 있다. 즉, 중·미 관계의 전반적인 갈등·협력 양상은 한반도 문제와 관련된 양국 간 갈등·협력으로 연결된다. 물론 중·미 관계의 기본 성격상 양국 관계가 아무리 협력적인 분위기라고 해도 한반도 문제에 대한 완전한 공동 인식은 불가능하다. 한반도의 평화와 안정에 대해서는 기본 인식을 같이 하나 대북 인식 및 평화 정착의 구체적 방식과 절차에 대해서는 상이한 입장을 갖고 있다.

중국은 한·미 간의 정치·안보 관계가 적어도 자신들에게 있어 배타적인 성격을 띠고 있다는 현실을 인정하면서도, 다른 한편으로 한·미 관계의 변화 및 그에 따른 자국의 개입 여지 확대 가능성을 모색하고 있다. 사실 향후 한반도를 포함한 동북아 지역에서 중국의 영향력 확대 여부는 절대적으로 미국과의 직간접적 영향력 경쟁과 상관성을 가지며, 중국 역시 자신들이 추구하는 21세기의 대내적 도약과 대외적 팽창의 성패가 중·미 관계와 직결되어 있다는 것을 잘 인식하고 있다. 즉, 중국은 남한 내 정치·안보 문제에 대한 미국의 독점 구조의 변화 없이는 한반도에 대한 자국의 영향력이 한계에 직면할 수밖에 없다는 점을 인식하고 남한과의 안보 협력 확대 여지를 부단히 모색하는 동시에 한반도 현안에 대한 미국의 일방적 주도를 최대한 억제하고자 한다.

특히 중국은 그동안 한반도 평화 체제 논의 과정에서 남한과의 제한적인 공동보조를 포함해 자국의 입지 확대를 모색해 왔다. 예를 들어, 중국은 한반도 정전 체제의 평화 체제로의 전환과 관련하여 "냉전 종식에도 불구하고 남북한이 정전 체제를 유지하는 것은 비정상적"이며, 새로운 평화 체제가 정착될 때까지 기존의 정전 협정을 준수한다는 전제하에 정전 체제의 전환을 모색해야 한다는 점을 공식적으로 강조해 왔다. 그 과정에서 중국은 평화 체제 전환을 위한 대미 단독 협상을 주장하는 북한과 갈등을 겪기도 했는데, 당시 중국은 자신들이 정전 협정 서명국으로서 엄연한 지분을 갖고 있을 뿐만 아니라 한국도 한반도의 평화·안정과 직접 관련된 실질적 당사자로서 일정한 역할을 해야 한다는 점을 강조했다.

중국의 이러한 입장을 고려할 때, 북핵 관련 6자 회담 이후 한반도의 "냉전 잔재 청산"(6자 회담 공동 성명 제2항), "항구적 평화와 안정의 제도화"(제4항)를 추진하는 과정에서 남한이 미국의 일방적 주도를 지나치게 방조 혹은 편승하는 것에는 예민하게 반응할 것이다. 또한 중국은 중장기적으로 정치·안보 측면에서 미국보다 열세에 있는 남한과의 경제·사회·문화적 유대를 확대하는 데 역점을 두고자 할 것이며, 남한 내의 대중 정서와 대미 정서의 변화 흐름을 예의 주시하고 이를 활용할 수 있는 방안을 적극 모색할 것이다.

이러한 상황에서 한·중 관계를 경제적 호혜, 정치적 선린 단계를 거쳐 궁극적으로 안보적 협력 관계로 발전시켜 나가고자 한다면, 그 과정은 결국 미국과의 관계 조정이라는 민감한 부분과 연계되는 것이 불가피하며, 그때마다 적잖은 진통을 겪을 가능성이 높다. 특히 중국의 군사적 팽창 기도에 대한 미국과 일본의 의구심이 소위 '중국 위협론'의 형태로 상존하고 있는 상황에서 이에 대한 우리의 입장 정리와 그에 상응하는 정책 추진은 더욱 어려울 수밖에 없다. 또한 현 단계 중·미 관계, 한·미 동맹 관계 구조 속에서 우리가 한·중, 한·미 관계를 우리의 관점에서 탄력적으로 운용하는 것은 분명한 한계가 있다. 그럼에도 불구하고 중장기적인 차원에서 이러한 한계를 슬기롭게 극복하지 않고서는 한·중 관계의 양적 확대와 질적 심화가 불가능하다는 것 또한 분명한 사실이다. 따라서 남한의 정치·안보 현실상 대중 관계와 대미 관계의 균형은 불가능하지만 제한된 범위에서나마 조정 가능성을 모색할 필요가 있으며, 이는 21세기 한국 외교의 최대 과제이다. 물론 이는 정치·안보적 측면에서 대미, 대중 관계의 대등성을 추구하는 것이 아니라 장기적 측면에서 어느 한쪽에 절대적으로 경사되어 있는 것은 국익 차원에서 바람직하지 않다는 전제하에 우리의 위치를 점진적으로 재조정해 가는 노력이 필요하다는 것이다.

결국 중·미 관계의 갈등·협력 국면을 활용하여 우리의 역량을 강화하기 위한 가장 기본적인 조건은 중국과 미국으로부터 자주적인 입지를 확대하는 것이며, 이것의 중요한 전제는 남북한 당사자 간의 대화·협력 확대를 통해 한반도 문제에 대한 자주적 공간을 확보하는 것이다. 이는 또한 앞서 지적한 바와 같이 한반도 문제와 관련된 강대국들이 자신들의 편의에 따라 진실성 없이 강조하는 '당사자 해결 원칙'을 역으로 활용하는 것이기도 하다.

4. 대중 관계와 대일 관계의 균형 유지

앞서 언급한 바와 같이 향후 중국과 일본은 정치·군사적 대립 가능성의 증대에도 불구하고 경제 협력 요인의 증대를 통해 정치·군사적 갈등 요인을 억제함으로써 기본적으로 이중적인 관계 구조를 유지하고자 할 것이다. 그럼에도 불구하고 중·일 관계에서 경제 협력의 필요성과 점증하는 정치·군사적 갈등 요인을 조화시켜 나가는 것이 결코 용이한 일은 아니다. 또한 지역적 패권 경쟁이 불가피한 양국 관계의 속성상 중·일 관계의 변화는 그들만의 관계 변화에 그치지 않고 남북한, 미국, 러시아, 대만 등 주변 국제 정세 변화에 직접적인 영향을 미칠 것이다.

한반도 문제를 둘러싼 중·일 간의 영향력 경쟁은 그들 간의 협력과 갈등의 전반적 수준, 특히 중·미 관계와 미·일 관계 그리고 미국의 한반도 영향력 등에 따라 양상을 달리할 것이다. 이러한 점을 고려하여 중국은 일본의 한반도 영향력, 북·일 관계 등을 크게 중요시하지 않았으며, 심지어 일본 요인은 미국 요인에 일정하게 종속되어 있는 것으로 인식했다. 그러나 일본이 미국의 직간접적 지원하에 정치·군사 대국화, 보통 국가를 향한 행보를 구체화하면서 중국의 대일 인식이 변화하고 있다. 특히 고이즈미 총리의 전격적인 평양 방문, 김정일과의 회동은 중국에게 일본의 대 한반도 전략과 영향력을 다시 생각하는 계기가 되었다. 따라서 중국은 한·일 관계, 북·일 관계 동향에 주목하는 동시에 장기적인 측면에서 자신들의 대 한반도 영향력 우위를 고수하기 위한 전략적 구상을 구체화하고 있다.

이처럼 중국과 일본의 정치·군사적 대립 갈등 양상과 패권 경쟁이 결국 한반도를 비켜가기 어렵다는 것은 외면할 수 없는 현실이며, 이는 바로 우리가 중·일 관계 변화에 주목하고 우리의 바람직한 입지를 모색해야 하는 이유이다. 사실 그동안 우리는 중·미 관계에 주목하여 양국 관계에서 우리의 입지를 어떻게 설정할 것인지에 대해서는 적잖은 고민을 해왔으나 중·일 관계와 관련해서는 많은 고려를 하지 않았다. 그러나 앞으로는 중국과 일본의 관계 변화 과정에서 야기될 크고 작은 대립과 갈등 국면에 우리가 어떠한 입장과 정책을 취해야 할지를 고민하지 않을 수 없는 상황에 직면하게 될 가능성이 매우 높다. 경우에 따라서는 중·미 관계에서보다 더 미묘하고 어려운 선택을 해야 될 가능성을 배제할 수 없다.

최근 고이즈미 총리가 주변국의 우려와 비난에도 불구하고 야스쿠니 신사 참배를 강행하고, 더욱이 내각 개편을 통해 보수 우익 인물을 주축으로 강성 내각을 구성하는 등 정치·군사 대국화를 향한 행보를 더욱 가속화할 움직임을 보이면서 우리의 입장을 더욱 어렵게 할 가능성이 점점 높아지고 있다. 일본의 이러한 움직임에 대해 중국은 더욱 비판적인 자세를 취하고 있으며, 심지어 고이즈미 총리의 새로운 지도부를 전쟁 내각이라 비난하고 있다. 또한 중국은 중·일 외무장관 회담을 취소하고, 2005년 11월 부산의 아·태경제협의체APEC 정상 회의, 2005년 12월 말레이시아 쿠알라룸푸르의 아세안과 한·중·일 정상 회의(ASEAN+3)에서는 중·일 정상 회담을 갖지 않았다. 중국의 이러한 입장은 일본 정치권이 주변국에 대한 기본적 신의와 예의를 무시하는 상황에서 더 이상 일본 최고 지도부와의 정치적 교류가 무의미하다는 판단을 담고 있다. 사실 2004년 11월 칠레 산티아고에서 개최된 APEC 정상 회담 시 2001년 이후 3년여 만에 가까스로 성사된 중·일 정상 회담에서 일본은 중국의 입장을 최대한 고려하여 야스쿠니 신사 참배에 전향적인 자세를 취할 것이라는 점을 분명히 했다. 그러나 고이즈미 총리가 2005년 10월 신사 참배를 재개함으로써 중국 지도부의 심한 반발을 초래한 것이다.

주변국의 이러한 반발에도 불구하고 일본 정부가 보수 우경화 경향을 포기하지 않는 것은 그들 나름대로의 전략적 판단 때문인 것으로 보인다. 일본은 최대의 노력을 기울여 왔던 유엔 안전보장이사회 상임이사국 진출이 주변국인 중국, 한국의 집요한 반대로 인해 좌절되었다는 점을 매우 불쾌하게 받아들이고 있다. 또한 그동안 자신들이 미국에 버금가는 유엔 분담금을 부담해 왔고 공적개발원조ODA, 각종 국제기구의 활동 경비 등을 전폭적으로 지원해 왔음에도 불구하고 국제 사회가 자신들의 국제적 역할 증대에 부정적이라는 점에 강한 불만을 갖고 있다. 따라서 일본은 유엔 분담금 축소 등을 요구하는 동시에 미국과의 정치·안보 관계 증진에 역점을 두면서 주변국과 국제 사회를 지나치게 의식하지 않고 자국의 정치·군사 역량을 강화하는 방향으로 나가는 양상을 보이고 있다. 그리고 그러한 정책의 이면에는 더 이상 과거와 역사의 굴레에 구속되지 않고, 소위 '보통 국가'를 향한 행보를 가속화하겠다는 일본 정치권의 결심이 담겨져 있는 것으로 보인다.

결국 일본의 보수 우경화와 그로 인한 중국과의 갈등은 분명 한반도 및 동북아, 더 나아가 아·태 지역의 평화와 공동 번영에 부정적인 요인으로 작용할 것이다. 이러한 상황에서 한국은 과연 어떠한 정책적 선택을 할 수 있는가? 첫째, 지역 패권 경쟁으로 인해 중국과 일본의 정치·군사적 대립과 갈등을 근본적으로 해소하기는 어렵다 하더라도 이들 간의 갈등이 한반도 및 역내 불안 요인으로 심화되는 것을 억제하기 위해서는 우리 나름대로의 역할을 모색해야 한다. 역사적으로 한반도는 중·일 간 패권 경쟁의 각축장이었으며, 앞으로도 이러한 가능성을 배제하기는 어렵다. 따라서 우리는 중국과 일본의 어느 일방에 대한 경사보다는 객관적, 균형적 입장에서의 조정과 중재 역할이 중요하다. 예를 들어, 최근 일본 정치권의 왜곡된 역사 인식과 우경화 경향에 대해서 한국과 중국이 한목소리를 내는 것이 불가피한 측면이 있고 일본의 각성을 촉구하는 데 일정한 기여를 할 수도 있지만 신중을 기할 필요가 있다. 실제로 중국은 일본을 견제하는 데 있어 한국의 반일 감정을 효과적으로 활용하는 '이한제일以韓制日'의 의도를 갖고 있다는 우려가 제기되고 있다.

둘째, 중·일 간의 갈등을 한반도의 평화 정착과 동북아 역내의 냉전 잔재 해소, 군사적 신뢰 구축이라는 구조적 차원에서 접근할 필요가 있다. 즉, 중·일 간의 갈등은 동북아의 군사 · 안보적 신뢰 부족에서 증폭되고 있고, 결국 역내 국가 간의 대결적 블록화를 촉진하는 악순환 구조를 조성할 우려가 있다는 점에서 이를 해소하기 위한 역내의 공감대를 형성하는 데 중점을 두어야 한다. 이를 위해 우선 각국 정치권의 새로운 정치 지도자들을 중심으로 동북아의 평화와 번영을 위한 역내 국가 간의 '협력, 동반자 관계'의 중요성을 인식하도록 촉구해야 한다. 또한 군사 · 안보 부문의 공식적 협의를 논의 수준, 범위, 투명성 등에서 내실화하는 동시에 관련 전문 기관의 전문가들이 참여하는 다양한 차원의 접촉 창구를 확대할 필요가 있다. 특히 역내 안보 문제를 협의 불가 사안으로 방치하기보다 점진적인 노력을 통해 상대국에 대한 이해와 공감대를 도출할 수 있도록 해야 한다.

셋째, 역내 양자 혹은 다자간 경제 협력의 활성화를 통해 호리호혜 · 윈-윈의 경제 환경을 조성하는 동시에 동북아 다자 환경 협력을 확대 추진함으로써 정치 · 안보적 대립을 억제하는 요인으로 활용해야 한다. 물론 중국과 일본은 동북아 환경 문제와 관련된 환경 외교에서도 주도권 다툼을 벌이고 있는 것이 현실이지만, 국경이 무의미한 역내 환경 문제의 특수성을 '녹색 문화green culture' 확산 등 '지역 공동체' 의식을 고양하는 데 활용해야 한다. 넷째, 정치 · 경제 · 군사 · 역사적 갈등에서 비롯된 역내 각국민의 배타적, 부정적 감정의 확산을 억제하기 위한 방안을 공동 모색하는 데 주도적 역할을 해야 한다. 특히 정치권, 언론 등이 특정 국가에 대한 국민들의 부정적 정서를 '정치화' 하는 악순환 고리를 차단하고, 교육을 통해 올바른 역사 인식을 심어주고, 비정치·민간 차원의 문화적 교류 협력 확대를 통해 상호 이해를 증진하도록 촉구해야 한다.

이처럼 중국과 일본의 갈등 구조 속에서 우리의 역할과 입지를 확대해 가야 하는 것이 21세기 우리 외교가 직면한 주요 임무이고, 그 결과는 남북한 관계를 포함한 우리 민족의 장래에 크나큰 영향을 미칠 것이다. 중국과 일본의 정치·군사적 대립과 갈등은 양국 간의 문제만이 아니라 미·일, 중·미, 중·러 관계 등과 불가분의 관계를 갖고 있고, 이러한 상황이 지속되는 한 동북아 및 한반도 냉전 구조의 완전한 청산은 거의 불가능하다. 즉, 중국과 일본의 지역 패권 경쟁이 미국 요인과 결부되어 있고, 더구나 조어도, 대만 문제, 역사 청산 등 단기적 해소가 불가능한 민감한 사안들이 양국 간에 산적해 있다. 이러한 환경 속에서 우리의 역할 증대는 결코 쉽지 않은 과제이며, 현 단계에서 우리의 능력을 벗어나는 사안들이 존재하는 것도 사실이다. 그럼에도 불구하고 중·미 관계에 대한 대응과 마찬가지로 중·일 관계에 대해서도 역시 냉철하고 현명한 대응이 요구된다. 이는 현실적으로 중·미, 중·일 관계의 결정적 조정자, 균형자로서의 역할을 모색하는 것

이 아니라 적어도 이들 관계에 의해 일방적으로 우리의
입지가 결정되는 것을 방지하기 위한 최소한의 노력이다.

5. 대만 문제와 한·대만 관계의 탄력적 수용

대만 문제는 중·미 관계를 언제든지 긴장 국면으로 몰고
갈 수 있는 최대 현안으로서 적어도 현 단계에서는 근본
적인 해결이 불가능하다. 대만 문제와 양안 관계에 절대적
인 영향력을 행사하고 있는 미국과 주요 국가들은 대만
문제, 양안 관계에 대한 '하나의 중국' 원칙의 공식적 지
지에도 불구하고 소위 '전략적 모호성strategic ambiguity'
을 통해 자국의 이익을 최대화하고 있다. 이는 중국의 입
장을 원칙적으로 지지함에도 불구하고 실질적 측면에서는
명확한 입장을 유보함으로써 중국과 대만의 갈등 구조를
최대로 활용하는 것이다.

　　현실적으로 한국이 강대국들의 이러한 전략을 그대로
적용할 수는 없으며, 경우에 따라서는 극히 부정적인 결과
를 초래할 가능성이 높다. 그럼에도 불구하고 실질적 측면
에서 미국의 대만 정책이 변화하고 있고, 대만의 국제적
지위와 역할이 점차 확대될 가능성이 높아지는 상황에서
대만 문제에 대한 우리의 기존 인식과 정책을 점검해 볼
필요는 있다. 이는 중국과의 관계를 근본적으로 손상시키

지 않으면서도 대만과의 관계를 실질적 측면에서 재조정할 여지가 있는가를 다시 한 번 점검할 필요가 있다는 것이다. 사실 그동안 중국은 한국에 대해 대만 문제와 하나의 중국에 대한 자신들의 원칙과 정책을 적극 지지해 줄 것을 요구해 왔고, 다른 나라보다 더욱 철저하게 우리와 대만의 접근을 억제해 왔으며, 우리 역시 중국의 입장을 최대한 존중해 온 것이 사실이다. 이는 한반도의 평화와 안정에 대한 중국의 역할을 중시하지 않을 수 없었고, 특히 북한 핵 문제 등에서 중국의 입장을 최대한 고려하지 않을 수 없었기 때문이다. 지금도 이러한 제약 요인이 소멸된 것은 물론 아니며, 더욱이 한·중 간의 경제 교류가 확대일로에 있는 상황에서 우리의 1차적 관심은 중국일 수밖에 없다.

한편 대만 문제, 양안 관계와 관련된 3가지 가능성을 일국양제의 실현, 대만의 독립, 양안 관계의 현상 유지로 구분하여 검토해 보면, 우선 중국이 주장하는 일국양제의 통일 방식에 대한 대만의 자발적 수용 가능성은 매우 희박하다. 특히 민진당 정권하에서 대만인들의 대륙에 대한 일체감은 점점 희박해지고 있으며, 중국인보다는 대만인으로서의 의식이 강해지고 있다. 물론 최근 일국양제에 대한 대만인들의 인식이 다소 긍정적으로 변화했다고는 하나 그에 대한 수용과는 거리가 멀며, 이는 중국의 비약적인 경제 성장과 대만의 경제 침체가 영향을 미친 것이다.

또한 중국의 대만에 대한 무력 사용 등 강제적인 일국양제의 적용 시도 가능성 역시 높지 않으며, 대만에 대한 미국의 안보 공약 변화 가능성도 희박하다. 결국 양안 간에는 합의든 강제든 일국양제의 실현 가능성은 매우 희박하다. 둘째, 대만의 독립 가능성은 거의 없다. 대만의 자주독립적 생존 공간 확보 필요성에 대한 인식과 주장이 증가함에도 불구하고 실질적인 독립 추진 수단을 결여하고 있으며, 민진당과 대만단결연맹 계열 정치인들의 독립 주장은 일반 여론의 지지를 받지 못하고 있다. 특히 천수이볜 대만 총통의 신헌법 제정, 독립 문제 등에 대한 국민 투표 추진 움직임 역시 정치적 고려가 담겨 있고 미국 역시 민진당 정부의 무리한 독립 추진을 억제하는 상황이어서, 대만의 독립은 거의 가능성이 없다. 셋째, 양안 관계의 현상 유지 가능성이 가장 높다. 이는 형식적으로는 하나의 중국 원칙이 유지되고, 실질적으로는 하나의 중국과 하나의 대만, 즉 '일중일대―中―臺'가 부자연스럽게 공존하는 상황이 지속될 거라는 것이다.

결국 중국과 대만은 통일이나 독립 가능성 모두가 극히 희박한 상황에서 불가피한 중간적 선택으로 통일도 아니고 독립도 아닌 '불통불독'의 상태를 유지할 수밖에 없을 것이다. 사실 중국의 입장에서도 내부 통합, 대외 팽창을 위해 국민의 에너지를 결집시키는 과정에서 대만 문제를 유용하게 활용할 수 있으며, 미국 역시 통일이나 독립

보다는 양안의 현상 유지가 자국의 정치·경제·안보적 이익을 극대화할 수 있다고 판단하고 있다. 최근 미국이 양안의 현상을 변화시키고자 하는 중국과 대만의 어떠한 정책에도 반대한다는 입장을 보인 것도 이러한 맥락에서 이해할 수 있다. 이처럼 양안 관계의 현상 유지 가능성이 가장 높다. 그러나 현상 유지는 하나의 고정된 형식을 유지하기보다 중·미·대만의 삼자 간 역학 관계에 따라 그 양상을 달리할 것이다.

양안 관계의 현상 유지가 장기화될 가능성이 농후하다는 점이 바로 우리로 하여금 대만 문제에 대한 기존 인식과 정책을 점검할 필요성을 갖게 하는 중요한 요인이다. 특히 천수이벤 총통의 제2기 재임 기간 동안 대만의 정체성 회복을 위한 대내외 정책과 그에 따른 양안 관계의 변화가 일정 부분 이루어질 가능성이 있다. 또한 대만과의 경제 교류가 부단히 증가하여 현재 대만은 2004년 말 기준으로 한국의 5대 교역 대상국이고, 양국 간 정기 항공편의 운항이 재개된 상황에서 중장기적 차원의 바람직한 한·중·대만 관계를 검토할 필요가 있다. 물론 이러한 과정에서 중국의 불필요한 오해를 야기하지 않기 위한 노력이 수반되어야 한다. 예를 들어, 우리가 북·중 관계를 한반도의 평화·안정이라는 차원에서 적극 지지하는 것처럼 중국 역시 하나의 중국이라는 원칙 내에서 이루어지는 한국과 대만의 관계 발전을 동북아 평화·번영의 촉진이라는 측면에서 지지하도록 촉구할 필요가 있다.

6. 중국의 정치·경제·사회적 변화에 대한 검토와 대비

덩샤오핑, 장쩌민, 후진타오로 이어지는 중국의 정치·경제·사회적 변혁은 가히 혁명적 변화를 야기하고 있으며, 그러한 정책들이 혁신적이고 광범위한 만큼 부수적으로 발생하는 문제점 또한 적지 않다. 중국이 직면하고 있는 문제의 핵심은 사회주의 이념과 제도 그리고 시장 경제의 중국적 변용을 한 차원 높임으로써 정치적 안정, 경제적 발전, 사회적 균형을 동시에 실현하고, 이를 통해 궁극적으로 21세기의 부강한 사회주의 중국을 건설하기 위한 과정에서 야기된 것들이다. 이는 또한 다분히 상호 모순될 소지를 안고 있는 기존의 이념과 제도를 자신들의 독특한 논리와 정치적 권위를 통해 재해석하고 이를 중국적 특색을 지닌 사회주의의 중요한 부분으로 무리하게 적용하려는 것에서 기인하며, 이들 부정적 문제들의 효율적 극복 여부는 후진타오 체제는 물론 21세기 중국의 운명을 결정하게 될 것이다. 즉, 계층·지역·도농 간 소득 격차와 국유 기업 개혁에 따른 대규모의 실업자 발생, 종교·인권·민주화 요구와 관련된 반정부 활동의 확산을 억제하기 위한 소위 '내부 통제'의 성과 여하에 따라 21세기 중국의 국가적 운명이 결정될 것이다.

　물론 후진타오는 이러한 문제점을 충분히 인식하고 소위 특정 지역과 계층의 우선적 치부를 장려했던 선부론先富論적 성장 지상주의 정책을 지양하고 사회 전반의 조화와 균형에 입각한 '지속 가능한 발전'을 추구해야 한다는 점을 강조하고 있다. 후진타오 체제의 이러한 정책적 조정은 중국의 또 다른 변화를 야기할 것이며, 중국과 불가분의 관계를 맺으며 살아갈 수밖에 없는 우리로서는 이러한 정치 · 경제 · 사회적 상황 변화에 대한 지속적 분석과 최적의 대응을 하지 않으면 안 된다. 이를 위해 가장 요구되는 사항은 중국의 대내적 상황 변화를 주도면밀하게 추적하고 분석하는 일이다. 왜냐하면 중국의 상황 변화에 대한 객관적 분석이 결여된 상태에서 자기 희망적인 판단과 정책 방향을 설정할 경우, 대중 정책은 소기의 성과를 얻기 어렵다. 이러한 예는 최근 탈북자 문제와 중국산 농수산물 수입 파동 등의 문제에 대한 한국 정부의 안이한 대처로 불필요한 통상 마찰을 불러일으키고 국가 이미지를 실추시킨 일 등에서도 잘 나타난다. 한 · 중 양국 간에는 우리의 대응 여하에 따라 양국 간 협력 또는 갈등 요인으로 작용할 수 있는 사안들이 산적해 있다.

　결국 우리가 중국과 "전면적 협력 동반자 관계"의 발전을 통해 국가와 민족의 안녕과 번영을 유지하기 위해서는 일차적으로 중국을 정확하게 파악해야 하며, 이에 기초하여 국익을 극대화할 수 있는 전략과 정책을 수립, 추진해야 한다. 이런 점에서 앞서 언급한 바와 같이 중국의 분야별 사정에 정통한 '중국통'의 체계적 양산과 관리가 정부, 정치권, 학계, 기업, 언론계, 민간단체 차원에서 절실히 요구된다. 물론 그동안 이러한 중국 관련 인재 양성의 필요성을 인식하고 나름대로의 노력을 기울여 왔으나 21세기의 중국이 분출하는 거대한 변화에 대응하는 데는 턱없이 부족하다. 또한 진정한 중국통은 단순히 중국어를 구사하거나 중국 현지에서의 거주, 학습 경험만으로는 결코 육성되지 않는다. 여기에서 한 걸음 더 나아가 국가, 사회, 지방, 기층 단위, 개인의 차원에서 나타나는 중국, 중국인들의 삶과 그들이 추구하는 목표의 진면목을 읽어 낼 수 있어야 한다. 따라서 국가 차원에서 중국의 정치, 경제, 외교, 안보, 사회 문화 등 각 분야에 정통한 실용적인 중국통을 양성해야 하며, 이러한 노력은 더 이상 선택의 문제가 아니다.

주

1) 후진타오 체제가 추구하는 대내 정책의 핵심은 '과학적 발전
관'을 통한 '사회주의 화해 사회'를 실현하고 궁극적으로 '전
면적 소강 사회小康社會'를 건설하는 것이라고 할 수 있다. 즉,
중국은 기존의 성장 위주 개혁 개방 정책이 초래한 각종 부작
용과 심각한 문제점을 시정·보완함으로써 자연·인간·사회
간의 협력 관계를 강화하고, 인간과 자연의 형평성, 사회의 조
화로운 발전을 실천해야 한다는 점을 강조하고 있다. 또한 그
연장선에서 경제 성장의 질적 제고, 인본주의에 입각한 기본적
생존 욕구 충족, 인구 증가 억제 및 소양 제고, 자연 자원 보호,
과학 기술 진보, 환경과 발전의 균형 등을 통한 소위 지속 가능
한 발전의 중요성을 역설하고 있다.

2) 후진타오의 이러한 면모를 보여 주는 한 예로 중앙의 주요 회
의 및 지도부의 활동에 대한 언론 보도 방식 개선에 대한 지시
를 들 수 있다. 그는 국가 주석 취임 식후인 2003년 3월 28일

정치국 회의에서 기존의 언론 보도가 지나치게 지도부에 초점을 맞추고 있다는 지적과 함께 앞으로는 "실제, 군중, 생활에 보다 가까이 다가감으로써 인민, 사회주의, 국가 사업의 대국大局에 봉사해야 한다"는 점을 강조하였다. 『人民日報』, 2003. 3. 29 참조.

3) 특히 후진타오는 푸틴 러시아 대통령과의 회담에서 양국 간의 전략적 동반자 관계를 재확인하고, 이라크, 북핵 문제 등의 평화적 해결의 필요성, 유엔의 역할 확대를 통한 공정 · 민주 · 다원화된 국제 질서의 수립을 역설함으로써 미국의 일방주의를 간접적으로 비난했다. 또한 부시 미국 대통령과의 회담에서는 건설적인 협력 관계의 증진, 반테러, 북핵 등 국제적 사안에서의 협력 강화 등을 논의했으며, 마지막 순방국인 몽고 의회 연설에서는 동북아를 중심으로 한 주변 국가들과의 융합 · 신뢰 · 협조의 정치 환경 조성, 평화 · 안정 · 화해의 안보 환경 구축, 호리호혜 · 윈-윈의 경제 환경 수립을 역설했다. 『人民日報』, 2003. 5. 29; 『人民日報』, 2003. 6. 6 참조.

4) 저명한 중국 전문가인 David Shambaugh 역시 향후 중국 공산당 지도부의 최대 과제는 무엇보다도 복지, 의료, 교육, 환경, 사회 질서, 커뮤니케이션 등 생활 전반의 질적 향상에 대한 인민들의 기대와 요구가 끊임없이 증대되고 더 나아가 이를 표출할 수 있는 통로adequate channels to articulate the demands를 요구하는 상황에 대처하는 것이라는 점을 강조했다.

5) 이와 관련 장쩌민은 삼개 대표론이 "마르크스 레닌주의, 마오쩌둥 사상, 덩샤오핑 이론을 계승 발전시킨 것인 동시에 당대 세계와 중국의 변화가 당과 국가에 제기하는 새로운 요구를 반

영한 것으로서 당 건설의 개선 · 강화, 중국 사회주의의 완비 · 발전을 위한 강력한 이론적 무기이자 당의 집단적 지혜의 결정이며, 당이 반드시 장기적으로 견지해야 할 당의 지도 사상('입당지본立黨之本,' '집정지기執政之基,' '역량지원力量之源')"이라는 점을 역설했다.

6) 신당장의 총강에는 "13기 4중전회 이후 장쩌민 동지를 주요 대표로 한 중국 공산당은 중국적 특색을 지닌 사회주의 건설 과정에서 무엇이 사회주의이며 이를 어떻게 건설할 것인가, 그리고 어떠한 형태의 당을 어떻게 건설할 것인가에 대한 깊은 인식과 치당치국治黨治國의 새롭고 귀중한 경험을 집적하여 '삼개 대표'의 중요 사상을 형성했다"라고 명시되어 있다.

7) 『人民日報』, 2002. 11. 8 참조.

8) 『人民日報』, 2003. 3. 19 참조.

9) 『人民日報』, 2003. 7. 2 참조.

10) 중국은 중국 공산당 16전대회를 통하여 새롭게 제시된 경제 · 사회적 변화의 탄력적 해석과 정책적 수용을 한 단계 높인다는 차원에서 2003년 10월 16기 3중전회를 통하여 관련 사항을 반영한 헌법 수성안을 선의하였다. 후진타오는 이미 2003년 8월 11일의 정치국 회의에서 "국가의 경제 사회적 발전이라는 객관적 요구에 따라 헌법의 적절한 수정 · 보완이 필요하며, 이는 새로운 상황 하에서 중국적 특색을 지닌 사회주의 사업을 지속적으로 추진하고 광대한 인민의 근본 이익을 보호하기 위한 법률적 보장을 제공하는 것"이라고 강조한 바 있다. 『人民日報』, 2003. 8. 12 참조.

11) 특히 실직 노동자들의 재취업 문제는 중국 지도부가 최우선

과제로 인식하고 있다. 후진타오 역시 재취업 문제는 인민 개개인의 문제이자 국가 차원의 발전·안정과 관계된 중대 사안이라는 점을 전제하면서 1) 취업 단위의 대대적 개발, 2) 재취업 지원 정책의 철저한 추진, 3) 재취업 관련 자금의 증액, 4) 재취업 관련 기술 훈련의 강화, 5) 재취업 관련 서비스 개선, 6) 하강下崗 인원들의 취업 관념 변화 유도 등에 중점을 두어야 한다는 점을 강조하고 있다.

12) 최근 중국은 개발도상국과의 소위 경제 외교에 총력을 기울이고 있는데, 일례로 원자바오溫家寶 국무원 총리 주재로 2004년 8월 31일 '全國對發展中國家經濟外交工作會議'를 개최했다. 여기에서 원 총리는 "국제 정치 경제의 대세 및 국내 경제 사회 발전 상황, 외교 업무의 전략과 방침에 입각하여 개발도상국과의 경제 외교의 중요성을 충분히 인식해야 한다"는 점을 강조하고 '相互尊重, 平等相待, 以政促經, 政經結合, 互利互惠, 共同發展, 形式多樣, 注重實效'의 32자 방침을 제시했다. 『人民日報』, 2004. 9. 3 참조.

13) 실제로 후진타오 체제는 급속히 변화된 정치·경제·사회적 환경 속에서 권력 구도, 통치 스타일, 제도적 장치를 개선하지 않으면 안 된다는 인식을 갖고 있는 것으로 보인다. 문제는 이러한 제반 개혁이 기존 '당국가黨國家' 체제의 근간을 건드리지 않으면서 추진되어야 한다는 것이다. 예를 들어, 당의 권력 독점을 기본적으로 제약하지 않는 상황에서 당내 민주주의 intra-party democracy를 추진해야 하고, 또한 이러한 변화가 사회 전반의 민주화를 촉발하지도 않아야 한다. 이러한 제약 속에서 후진타오 체제는 우선 '삼개 대표론'에 충실하면서 국

정 전반에서 '친민'을 강조하고자 한다.

14) 예를 들어, 후진타오는 2003년 5월 28일 모스크바 국제관계학
원에서 행한 연설에서 현 국제 정세가 평화 · 발전 요인의 증
대에도 불구하고 테러리즘, 일방주의, 지역 충돌 등 각종 도전
요인에 직면하고 있으며, 이를 극복하고 공정하고 합리적인 국
제 정치 · 경제 질서를 수립해야 한다는 점을 하였다. 그의 연
설은 기본적으로 미국의 패권주의에 대한 경계심을 담고 있다.
『人民日報』, 2003. 5. 29 참조.

15) 후진타오는 2003년 6월 프랑스에서 열린 G8 회담 참석을 계
기로 프랑스, 독일, 영국 등 유럽 주요 국가 정상들과 다양한
회담을 갖고 있으며, 그때마다 국제 질서의 다양성과 다원화
필요성을 강조하고 있다. 사실 중국은 대미 관계와 세계 전략
차원에서 유럽연합과의 관계를 중시하고 있으며, 구체적으로
세계 질서의 다극화, 통상 및 과학 기술, 대만 문제의 국제화
억제 등의 측면에서 유럽연합 회원 국가들과의 관계 발전을
적극 도모하고 있다. 물론 중국의 이러한 정책을 미국을 의식
한 것으로 지나치게 확대 해석하는 것은 무리이고, 실제로 미
국과 유럽연합의 특수한 관계, 미국의 전략적 우위가 유지되는
상황에서 중국의 대 유럽연합 전략의 실효성은 한계를 가질
수밖에 없으나 중국이 유럽연합과의 관계 강화를 지속적인 전
략으로 추진할 것은 분명해 보인다.

16) 최근 중국은 인도와의 관계 발전에 상당한 노력을 경주하고
있으며, 양국 간 고위 지도부의 상호 방문이 부쩍 증가하고 있
다. 일례로 2003년 6월 22일 바지 파이 인도 총리가 정부 요원,
40여 명의 기업가, 60여 명의 기자단으로 이루어진 대규모 방

문단을 구성하여 중국을 방문하였으며, 이를 계기로 중국과 인
도는 양국 간 교류 협력 확대 및 국제 사회에서의 "건설적인
협력 동반자 관계"를 한 차원 제고했다. 최근에도 중국과 인도
는 경제·과학 기술·안보 측면에서 협력을 강화하고 있으며,
심지어 2005년 8월 중국과 러시아의 서해 합동 군사 훈련에
인도가 옵서버로 참여하기도 했다.

17) 중·일 수교 30주년에 즈음하여 2002년에 중국사회과학원 일
본연구소가 실시한 여론 조사에서 일본에 대해 '매우 친근' 하
게 혹은 '친근' 하게 느낀다는 중국인들의 비율은 응답자의
5.9%에 불과했으며, '친근하지 않다' 혹은 '매우 친근하지 않
다' 라고 응답한 사람은 43.5%에 달했다. 특히 최근 1-2년 사이
에 대대적인 반일 시위 등 중국인들의 반일 감정은 더욱 악화
되는 조짐을 보이고 있다. 이처럼 중국 내 반일 감정의 확산은
중국 지도부가 대일 정책을 추진하는 데 적잖은 부담으로 작
용할 수 있다.

18) 예를 들어, 2004년 10월 26일에도 중국의 인민해방군 부총참
모장 슝광카이熊光楷와 일본의 방위청 차관 다케마사守屋武昌 간
에 안보 협의를 가졌다.『人民日報』, 2004. 10. 28 참조.

19)『人民日報』, 2003. 5. 29 참조

20)『人民日報』, 2004. 10. 15 참조.

21) 예를 들어, 2004년 9월 러시아를 방문한 원자바오 총리는 송유
관 문제를 다시 제기했으며, 2004년 10월 푸틴 대통령의 방중,
2005년 7월 후진타오의 모스크바 방문, 2005년 10월 러시아
총리의 베이징 방문 과정에서도 양국 간 에너지 협력과 송유
관 건설 문제가 주요 의제로 등장했다.

22) 중국과 러시아는 그동안 분쟁 대상이던 아무르 강의 3개 섬을 절반씩 소유하는 것으로 합의했고, 푸틴의 방중 과정에서 국경선 획정 합의서에 서명함으로써 고질적인 국경 문제를 해결했다. 『人民日報』, 2004. 10. 13 참조.

23) 2001년 7월 16일 모스크바에서 체결된 "선린 우호 협력 조약"은 1) 조약 당사국은 제3국과의 조약 체결을 포함하여 상대국의 주권, 안보 및 영토적 통일성에 손실을 가져오는 어떠한 행동도 취하지 않으며, 어떠한 연합이나 블록에도 참여하지 않는다(제8조), 2) 조약 당사국 중 일방이 판단하기에 평화에 대한 위협ㆍ파괴가 가해지고, 그 국가의 안보적 이해관계에 저촉되는 상황이 발생하는 경우, 또는 조약 당사국 중 일방에 대한 침략 위협이 발생할 경우 조약 당사국은 즉각 상호 접촉하고 발생한 위협을 제거하기 위한 협의를 갖는다(제9조)는 점을 명시하고 있다. 이는 비록 중국과 러시아가 과거와 같은 군사 동맹국으로서의 관계를 회복하는 것은 아니지만, 상대국의 안보적 위협에 대한 상호 협력과 지원 의무를 완곡하게 표현한 것이다. 『人民日報』, 2001. 7. 17 참조.

24) 『人民日報』, 2005. 7. 2 참조.

25) 푸틴 러시아 대통령은 2004년 11월 17일 러시아 군부 지휘관을 접견하는 자리에서 "러시아 과학자들이 여러 가지 새로운 종류의 핵미사일을 개발 중이며 가까운 시일 내에 어느 핵 보유국도 갖고 있지 않고 가질 수도 없는 신형 핵무기가 등장할 것"(『이즈베스치아 Известия』, 2004. 11. 17) 이라는 점을 강조했는데, 중국의 입장에서 러시아의 이러한 움직임에 대해 내심 우려하지 않을 수 없을 것이다.

26) 『人民日報』, 2005. 9. 15 참조.

27) 민진당은 장제스의 사망과 그의 총통 직을 승계한 아들 장징궈의 건강 악화로 장씨 일가의 초법적 통치가 서서히 막을 내리기 시작한 1986년 '중화민국'이 아닌 '대만 공화국' 건립을 목표로 대만성 출신의 반국민당 진보 인사들을 주축으로 창당되었다. 이들은 야당을 일체 허용하지 않았던 黨禁 40년 가까운 국민당 계엄 통치 하에서 대만 독립을 위해 투쟁했던 대만 독립주의자들이다.

28) 국민당 지도부의 갈등은 리덩후이가 총통 후보 선정 과정에서 대중적 인기가 높은 쑹추위 후보를 배제하고 롄짠 후보를 지지하면서 더욱 심화되었고, 집권 여당이 분열된 상태에서 야당 후보와 격돌해야 하는 불리한 상황이 초래되었다. 실제로 국민당의 롄짠 후보는 화려한 경력과 조직의 총력 지원에도 불구하고 선거 초반부터 고전을 면치 못했다. 집권 여당의 지원도 개혁과 변화를 희구하는 거센 물결을 가르기에는 역부족이었다. 이는 결코 도덕적이지도 공정하지도 않았던 기득권 층을 대변하는 롄짠의 개인적 이미지와 21세기의 새로운 비전을 제시하기에는 너무도 노쇠하고 무력하게 보이는 국민당의 이미지가 함께 패배한 것으로 볼 수 있다. 사실 많은 대만 관측자들은 이러한 가능성을 총통 선거가 본격화된 1999년 후반부터 이미 제기하였다.

29) "대만이 일어섰다"라는 제목의 총통 취임 연설에서 천수이볜은 "중화민국," "자유 민주," "대만인" 등의 단어를 많이 사용하면서 의도적으로 대만을 부각시키고자 했지만, 대만의 독립이라는 표현을 직접 사용하지는 않았다.

30) 실제로 1996년 최초의 총통 직선을 거치면서 대만 내의 기본적인 민주화 과정이 일단락되었다고 할 수 있다. 첫째, 민주적인 제도 수립 과정이 국가 권위의 붕괴 혹은 정치적 불안정 없이 일단락되었고, 둘째, 경쟁적인 정당 체제가 확립되고, 특히 야당의 정치적 기능이 확대되었으며, 셋째, 과거 대의제의 정상적 실천을 저해했던 법적 장애물이 대부분 제거되었다.

31) 즉, 천수이볜은 2002년 8월 3일 '세계대만인대회'에 보낸 축하 메시지에서 대륙과 대만이 중앙 · 지방, 주종의 관계로서 불평등하게 공존하는 것이 아니라 "대만해협을 사이에 두고 독자적인 통치권, 통치 지역을 갖는 대등한 정치 실체로서 공존하고 있다Taiwan and China standing on opposite sides of the strait, one country on each side"는 점을 "일변일국"으로 표현했다. *A Brief Introduction to Taiwan* (Taipei: The Government Information Office, 2003), pp. 54-55.

32) 이는 국민투표법 초안 제15조로서 "대만이 외부 세력으로부터 위협의 우려가 있을 경우 총통이 국가의 안전國安 사항에 대해 행정원의 결의를 거쳐 국민 투표를 실시할 수 있다"는 것이다.

33) 양안 관계의 안정적 유지에 대한 바람은 특히 중국 대륙에 진출한 대만의 각종 기업인들에게 두드러지게 나타나고 있는 것으로 보인다. 현재 중국에 진출한 대만 기업인 수는 대략 100만 명 정도인데, 이들의 약 70%는 '롄짠─쑹추위連宋配'를 지지했던 것으로 나타났다. 『中時晩報』, 2003. 12. 27 참조.

34) 미국은 형식적 측면에서는 하나의 중국에 대한 중국의 입장을, 실질적 측면에서는 하나의 중국과 하나의 대만을 겨냥한 대만의 입장에 동조함으로써 중국 · 미국 · 대만의 삼각관계를 자

국의 이해관계에 따라 조정한다. 또한 단기적으로 미국과 대만의 정치적 관계가 급진전되거나 대만의 국제적 지위 강화를 위해 미국이 적극적으로 지원할 가능성은 거의 없다. 미국의 이러한 입장은 최근 천수이볜 총통의 대만 독립, 국민 투표 강행 등과 관련된 강경 입장에 제동을 걸면서 중국, 대만을 불문하고 일방적으로 양안의 현상을 변화시키려는 정책을 반대한다는 점을 강조하는 과정에서도 잘 나타난다. 이러한 상황에서 대만이 기대하는 것은 중장기적 차원에서 미국이 생각하는 양안 관계의 현상 유지는 고정불변의 형식이 존재하는 것이라기보다는 미국의 정권 변동 및 국내 여론 변화, 중국과 대만의 대내적 상황, 국제 정세 등에 따라 유동적일 수 있다는 것이다. 천수이볜의 총통 취임을 전후한 중국, 대만, 미국의 미묘한 입장 차이에 대한 자료는 Edward Cody, "China, Taiwan and U.S. display military might: Exercises a Reminder of Potential for Conflict Over Island," *Washington Post*, July 27, 2004; Glenn Kessler, "U.S. Cautions Taiwan on Independence," *Washington Post*, April 22, 2004; Philip P. Pan, "Rice Rebuffs China on Taiwan Arms Sales," *Washington Post*, July 9, 2004 참조.

35) 대만 정부의 입장에서도 장기간 침체 일로에 있는 경제의 활로를 모색하기 위해서는 중국 이외에 별 다른 방안이 없다. 실제로 대만 정부는 전면적인 삼통의 전 단계로서 특정 지역 간의 통항을 의미하는 '소삼통小三通'을 추진하는 동시에 대만 기업의 중국 내 투자 규제 완화 및 투자의 상한선 상향 조정, 대만 주식 시장에 대한 대륙인들의 투자 허용 등 양안 경제 교

류의 규제 장치를 대대적으로 완화했다.

36) 이 과정에서 롄짠은 자신이 중국인이라는 점을 깊이 자각했을 것이며, 혹 가슴속에 대만의 독립이라는 생각이 조금 있었더라도 모두 사라져 버렸을 것이다. 중국의 용의주도함이 돋보이는 장면이다.

37) 실제로 후진타오 주석은 2005년 10월 방북 과정에서 김정일 위원장과의 정상 회담, 만찬 연설 등에서 구체적인 통계 수치까지 인용하면서 중국이 개혁 개방을 통해 국력과 인민의 생활수준을 크게 향상시켰음을 상세하게 소개했다. 이는 매우 이례적인 것으로 북한 지도부에 대해 개혁 개방의 불가피성을 강조한 것으로 보인다. 또한 후 주석은 중국의 지원으로 최근 준공한 유리 공장과 농촌의 시범 농장을 직접 방문하는 한편, 향후 양국 간 경제 협력 확대를 위한 "경제 기술 협조에 관한 협정"을 조인했다.

38) 결국 북한의 신의주 특구 지정과 양빈의 등장을 전후한 북·중 간의 갈등은 북한의 무리한 정책 추진과 대북 영향력 확대 유지에 대한 중국의 과도한 집착이 어우러져 야기된 것이다. 물론 '우호 협력'의 필요성 때문에 당분간은 갈등의 수위가 일정한 범위 내에서 조절될 것이지만, 장기적으로 북·중 관계는 '전통적 우의'라는 외형적 치장에도 불구하고 내면에서 일고 있는 관계 변화의 싹을 감추기는 점점 어려워질 것이다. 중국의 4세대 지도부는 더 이상 이념과 혁명의 관점에서 북한을 바라보지 않으며, 과거와 옛정에 집착하지도 않는다. 이는 2005년 10월 8일 김정일 위원장이 중국의 우이 부총리를 접견하면서 "조·중 간의 전통적 우호 관계는 선배 지도자들이 구

축한 것으로 그 기반이 깊고 튼튼하여 절대 훼손될 수 없다"는 자기 희망적 진단과는 거리가 있다. 『人民日報』, 2005. 10. 9 참조.

39) 중국은 여전히 북한 정권의 '생존'과 '체제 보장'을 우선적으로 고려하고 있지만, 이 역시 절대 불변의 것은 아니다. 예를 들어, 최근 중국 내에서는 중장기적으로 북한의 붕괴와 남한 주도의 통일이 반드시 중국에 불리한 것은 아니라는 의견들이 제시되고 있다. 물론 이러한 학계 의견들은 중국 정부의 공식 입장이 반영된 것은 아니지만, 중국 내에서 북한 정권의 붕괴까지를 염두에 둔 장기적 한반도 전략이 서서히 논의되고 있음을 보여 주는 것이다.

40) 1992년 1월 20일 남한의 정원식 총리와 북한의 연형묵 총리를 수석대표로 한 남북 고위급 회담에서 비준되고 1992년 2월 19일 발효된 "한반도의 비핵화에 관한 공동 선언"은 전문에서 "남과 북은 한반도를 비핵화 함으로써 핵전쟁 위험을 제거하고 우리나라의 평화 통일에 유리한 조건과 환경을 조성한다"는 점을 강조하고, 제1조에서 "남과 북은 핵무기의 시험, 제조, 생산, 접수, 보유, 저장, 배비, 사용을 하지 아니한다"는 점을 명시하였다. 2005년 9월 19일의 6자 회담 공동 성명 제1항에서도 한반도의 비핵화에 관한 공동 선언의 준수, 이행을 강조하고 있다. 통일원 남북회담사무국, 『남북합의서』(서울: 통일원, 1994), pp. 28-29.

41) 예를 들어, 중국의 전 외교부장 첸치천錢其琛은 1990년대 이후 중국의 핵 정책을 ① 자위 목적의 소량의 핵무기 보유, ② 핵무기의 전면 폐기 지지, ③ 핵무기의 선제 사용 반대, ④ 비핵

국가 · 지역에 대한 핵무기 사용 및 핵 위협 반대, ⑤ 핵무기 확산 반대 등으로 설명한 바 있다.

42) 예를 들어, 중국은 1993년 1월 3일 미국과 러시아가 2003년까지 전략 핵무기의 2/3를 감축하기로 합의한 "제2단계 전략 무기 감축 조약START II"에 대한 논평에서도 "미 · 러가 제2단계 핵무기 감축 조약을 체결한 것은 환영할 만한 일이나 설사 조약이 이행된다 하더라도 미 · 러 양국의 핵무기는 양적, 질적 측면에서 여전히 기타 핵 보유 국가들을 훨씬 능가하게 될 것"이라는 점을 강조하였다. 또한 중국은 미국과 러시아가 보유하고 있는 핵무기를 '필요 부분'과 '초과 부분'으로 구분하고, 미 · 러 양국이 추진해 온 핵무기 삭감 대상은 초과 부분에 지나지 않으며 필요 부분에 대해서는 방어 및 상대방 파괴 능력을 제고하기 위해 계속 노력하고 있다는 인식을 갖고 있다. 따라서 중국은 한정된 핵무기를 보유하고 있는 중간 수준의 핵 보유국은 자국의 안보를 위해 핵무기를 쉽게 포기할 수 없다는 점을 강조한다.

43) 일례로 유엔 주재 중국 부대표 쨩이산張義山은 2003년 8월 28일 안보리 전문위원회에서 유엔의 평화 유지 기능 강화에 대한 중국의 입장을 피력했는데, 그는 "일정한 조건하에서 유엔이 보다 조속한 시일 내에 빠르고 강력하게 분쟁 지역에 개입해야 하며, 이를 위해 유엔이 평화 유지 메커니즘, 병력 동원, 인력 훈련, 지휘 등의 측면에서 능력을 강화해야 한다"고 강조했다.

동아시아아시민사회포럼을 통해 우리는 단순한 지역간 세대 간 갈등, 진보와 보수의 갈등, 국민 국가와 세계 국가의 갈등 논의를 넘어서, 그리고 불행한 과거 속에 형성되고 전승된 동아시아 지역의 오해와 반목을 넘어서, 새로운 시대적 사명에 부응하는 지식의 결집과 정책 대안의 도출에 진력할 것이다. 그리고 작게는 한반도와 동아시아, 크게는 인류 전체의 평화와 번영을 위한 시민 사회의 의제를 발굴하며 그것을 동아시아 시민 사회 속에서 적극 연대해 나갈 것이다.

역사는 꿈꾸는 사람들에 의해 이루어진다. 동아시아 공동체 구상은 작은 나라인 대한민국의 시민 사회의 꿈으로부터 시작될 것이다. 그리고 그 시민 사회의 꿈을 동아시아 시민 사회와 연대해 나가고 그 연대적 행동이 바로 역사의 큰 물꼬를 바꾸어 놓을 수 있음을 우리는 굳게 믿고 있다.

— 동아시아아시민사회포럼 창립 취지문 중에서

서울시 종로구 권농동 128 태산빌딩 3층

tel: (02) 762-4033   fax: (02) 743-6732

e-mail: asiaforum@empal.com